Magnus Hinz

KONZEPTIONEN ZUR SPORTFÖRDERUNG IN DER DRITTEN WELT MIT SCHWERPUNKT SÜDAFRIKA

ibidem-Verlag
Stuttgart

Die Deutsche Bibliothek - CIP-Einheitsaufnahme:

Ein Titeldatensatz für diese Publikation ist bei
Der Deutschen Bibliothek erhältlich

∞

Gedruckt auf alterungsbeständigem, säurefreien Papier
Printed on acid-free paper

ISBN: 3-89821-131-2

© *ibidem*-Verlag
Stuttgart 2001

Alle Rechte vorbehalten

Das Werk einschließlich aller seiner Teile ist urheberrechtlich geschützt. Jede Verwertung außerhalb der engen Grenzen des Urheberrechtsgesetzes ist ohne Zustimmung des Verlages unzulässig und strafbar. Dies gilt insbesondere für Vervielfältigungen, Übersetzungen, Mikroverfilmungen und elektronische Speicherformen sowie die Einspeicherung und Verarbeitung in elektronischen Systemen.

Printed in Germany

Für Katrin

1. EINLEITUNG 1

2. ALLGEMEINE ENTWICKLUNGSPOLITIK 5

2.1 DER BEGRIFF DRITTE WELT 5
  2.1.1 *Merkmale und Probleme von Entwicklungsländern* 6
2.2 ENTWICKLUNGSTHEORIEN 7
  2.2.1 *Die Modernisierungsansätze* 8
  2.2.2 *Dependenzansätze* 8
2.3 ENTWICKLUNGSHILFE / -POLITIK 9
  2.3.1 *Finanzielle Zusammenarbeit (FZ)* 9
  2.3.2 *Technische Zusammenarbeit (TZ)* 10
2.4 DEUTSCHE ENTWICKLUNGSPOLITIK 10
  2.4.1 *Entscheidungsstrukturen deutscher Entwicklungspolitik* 12
    2.4.1.1 Das Auswärtige Amt (AA) 13
    2.4.1.2 Das BMZ und seine Entwicklungspolitische Konzeption 13
  2.4.2 *Kritische Anmerkungen zur deutschen Entwicklungspolitik* 14

3. BILATERALE ENTWICKLUNGSZUSAMMENARBEIT DER BUNDES-REPUBLIK DEUTSCHLAND AUF DEM GEBIET DES SPORTS 17

3.1 HISTORISCHER ABRIß DER BUNDESDEUTSCHEN SPORTFÖRDERUNG IN DEN LÄNDERN DER DRITTEN WELT 17
  3.1.1 *Allmähliche Neuorientierung der bundesdeutschen Sportförderung seit Anfang der 70er Jahre* 19
  3.1.2 *Finanzielle Aufwendung der Bundesregierung für Maßnahmen der Sportförderung in Entwicklungsländern* 22
3.2 AUFTRAGSEBENE VON BILATERALER ENTWICKLUNGSZUSAMMENARBEIT AUF DEM GEBIET DES SPORTS IN LÄNDERN DER DRITTEN WELT 23
  3.2.1 *Die Kulturpolitik des Auswärtigen Amtes (AA)* 24
  3.2.2 *Konzeption und Maßnahmen des Auswärtigen Amtes (AA) zur Förderung des Sports in Entwicklungsländern* 25
  3.2.3 *Konzeptionen und Maßnahmen des Bundesministeriums für wirtschaftliche Zusammenarbeit und Entwicklung (BMZ)* 27
  3.2.4 *Der Interministerielle Ausschuß (IMA) für die Förderung des Sports in den Entwicklungsländern* 30
3.3 DIE DURCHFÜHRUNGSEBENE BUNDESDEUTSCHER SPORTFÖRDERUNG IN LÄNDERN DER DRITTEN WELT 32
  3.3.1 *Konzeptionen und Maßnahmen der Deutschen Gesellschaft für Technische Zusammenarbeit (GTZ)* 35
    3.3.1.1 Konzeptionen und Maßnahmen des Centrum für internationale Migration und Entwicklung (CIM) 37
  3.3.2 *Konzeptionen und Maßnahmen des Deutschen Sportbundes (DSB) und des Nationalen Olympischen Komitees (NOK) für Deutschland* 38

3.3.3 Weitere deutsche Sportorganisationen und Institutionen der internationalen Entwicklungszusammenarbeit im Sport 41
3.3.4 Konzeptionen und Maßnahmen der Deutschen Sportjugend (DSJ) 43
3.4 SPORTFÖRDERUNG IN STAATEN DER DRITTEN WELT AUF LÄNDEREBENE 46

4. DIE BEDEUTUNG UND FUNKTION DES SPORTS IM ENTWICKLUNGS-PROZESS DER DRITTEN WELT 47

4.1 GEGENSATZ SPORT UND BEWEGUNGSKULTUR 47
4.1.1 Wandel der afrikanischen Bewegungskultur aufgrund von Kolonialismus und weiterer Einflüsse 48
4.2 DER MODERNE LEISTUNGSPORT IM WIDERSTREIT ZU DEN TRADITIONELLEN FORMEN VON BEWEGUNGSKULTUR IN DER DRITTEN WELT 50
4.3 BEDEUTUNG DES SPORTS IN DER ENTWICKLUNG 55
4.3.1 Selektive Erhaltung und Neubestimmung von traditionellen Bewegungskulturen in Entwicklungsländern 55
4.3.2 Der Breitensport in Entwicklungsländern 55
4.3.3 Der Hochleistungssport in Entwicklungsländern 56
4.4 LEGITIMATIONSVERSUCHE UND ZIELE DER SPORTFÖRDERUNG IN DER DRITTEN WELT 57
4.5 KONZEPTION UND ZIELE DER SPORT-ENTWICKLUNGSPOLITIK 58
4.6 MÖGLICHE ALTERNATIVEN FÜR DEN SPORT IN ENTWICKLUNGSLÄNDERN 60

5. DIE REPUBLIK SÜDAFRIKA 63

5.1 DER SOZIOÖKONOMISCHE HINTERGRUND 64
5.1.1 Die Bevölkerungsstruktur 64
5.1.2 Wirtschaft und Industrie 65
5.1.3 Bildungs- und Schulwesen 66
5.2 SPORT IN SÜDAFRIKA 67
5.2.1 Bewegungskulturen der autochthonen Völker des südlichen Afrika 68
5.2.2 Die Anfänge des Sports in Südafrika 68
5.2.3 Sport und Apartheid in Südafrika 70
5.2.4 Der südafrikanische Sport im Umbruch 73
5.2.5 Sport in Südafrika nach der Apartheid: Die gegenwärtige Situation 75
5.3 DEUTSCHE BILATERALE ENTWICKLUNGSZUSAMMENARBEIT MIT DER REPUBLIK SÜDAFRIKA 78

6. BUNDESDEUTSCHE BILATERALE ENTWICKLUNGSZUSAMMEN-ARBEIT IM SPORT MIT DER REPUBLIK SÜDAFRIKA 81

6.1 FUßBALL-LANGZEITPROJEKT IM AUFTRAG DES NATIONALEN OLYMPISCHEN KOMITEES (NOK) FÜR DEUTSCHLAND 82
6.1.1 Aufgabenfeld des deutschen Langzeitexperten in Südafrika 82
6.1.2 Der südafrikanische Partner: South African Football Association (SAFA) 84

6.1.3 Projektmaßnahmen des Fußball-Langzeitprojektes Südafrika im Zeitraum 01. Mai bis 31. August 1998 88
6.1.4 Projektmaßnahmen des Fußball-Langzeitprojektes Südafrika im Zeitraum 01. September bis 31. Dezember 1998 90
6.1.5 Projektmaßnahmen des Fußball-Langzeitprojektes Südafrika im Zeitraum 01. Januar 1999 bis 30. April 1999 91
6.2 INTEGRIERTE CIM-FACHKRAFT AN DER UNIVERSITY OF WESTERN CAPE 93
   6.2.1 Tätigkeitsbericht im Zeitraum von Oktober 1997 bis April 1998 94
   6.2.2 Tätigkeitsbericht im Zeitraum von April 1998 bis April 1999 98
6.3 DAS SPACE PROJEKT („SPORT AGAINST CRIME") DER SPORTJUGEND NRW 100
   6.3.1 Die internationale Arbeit der Sportjugend NRW 100
   6.3.2 Die südafrikanische Provinz Mpumalanga als Zielregion von SPACE .. 101
   6.3.3 Der Projektansatz und die allgemeinen Projektziele der Sportjugend NRW mit SPACE 102
   6.3.4 Die Projektmaßnahmen von SPACE 104

7. SCHLUSSBETRACHTUNG 107

8. LITERATURVERZEICHNIS 109

Abkürzungsverzeichnis

AA	Auswärtiges Amt
ANC	African National Congress
BA	Bundesanstalt für Arbeit
BISP	Bundesinstitut für Sportwissenschaft
BMFSFJ	Bundesministerium für Familie, Senioren, Frauen und Jugend
BMI	Bundesministerium des Innern
BMJFG	Bundesministerium für Jugend, Familie und Gesundheit
BMZ	Bundesministerium für wirtschaftliche Zusammenarbeit und Entwicklung
BVA	Bundesverwaltungsamt
CAF	Confederation Africaine de Football
CIM	Centrum für internationale Migration und Entwicklung
COSAS	Confederation of South African Sport
DFB	Deutscher Fußball-Bund
DHfK	Deutsche Hochschule für Körperkultur (Leipzig)
DLV	Deutscher Leichathletik-Verband
DSB	Deutscher Sportbund
DSJ	Deutsche Sportjugend
DSR	Department of Sport and Recreation
EL	Entwicklungsländer
ENGSO	European Non-Governmental Sports Organisation
FIFA	Fédération Internationale de Football Association
FZ	Finanzielle Zusammenarbeit
GTZ	Deutsche Gesellschaft für Technische Zusammenarbeit GmbH
HMS	Human Movement Studies
IL	Industrieländer
IMA	Interministerieller Ausschuß zur Förderung des Sports in den Entwicklungsländern

Einleitung

INOCSA	Interim National Olympic Committee of South Africa
INSET	In-Service Teachers' Training Programme
IOC	International Olympic Committee
LLDC	Least Developed Countries
LSB	Landessportbund
NOCSA	National Olympic Committee of South Africa
NOK	Nationales Olympisches Komitee für Deutschland
NOSC	National Olympic and Sports Congress
NSC	National Sports Council
OBE	Outcome Based Education
PZ	Personelle Zusammenarbeit
RSA	Republik Südafrika
SACC	South African Coordinating Committee
SACOS	South African Council On Sport
SADTU	South African Democratic Teachers' Union
SAFA	South African Football Association
SAI	Sports Authority of India
SANOC	South African Olympic Committee
SANROC	South African Non-Racial Olympic Committee
SASA	South African Sports Association
SPACE	Sport against Crime
TZ	Technische Zusammenarbeit
UEFA	United European Football Association
UNESCO	UN-Educational, Scientific and Cultural Organization
USSASA	United School Sport Association of South Africa
WASSA	Women and Sport in South Africa

Konzeptionen zur Sportförderung in der Dritten Welt

Einleitung

1. Einleitung

Die Situation in vielen Ländern der Dritten Welt ist katastrophal. Die bestehende Kluft zwischen den reichen und armen Ländern südlich der Sahara erweitert sich stetig. Ein Bevölkerungswachstum ist unbegrenzt vorhanden, wobei die Großstädte eine unüberschaubare Ausdehnung annehmen. Die Zahl der Menschen, die in absoluter Armut leben, vergrößert sich. Viele Menschen in den Entwicklungsländern sind schlecht ernährt, und von einer Schulbildung der Jugend kann nur in seltenen Fällen die Rede sein.[1]
Die Mehrzahl der Länder in der Dritten Welt teilt sich dieses Schicksal in mehr oder weniger ausgeprägtem Maße. Daraus resultiert der Versuch von Industrienationen, die Unterentwicklung in Entwicklungsländern, oft anhand des Maßstabes der westlichen Welt, zu verbessern. In Industrieländern wie der Bundesrepublik Deutschland wurde daher sogar ein eigenes Ministerium gegründet, welches sich ausschließlich um Entwicklungshilfe in Staaten der Dritten Welt kümmert.
Hier stellt sich die Frage, was denn der Sport mit der Problematik von Entwicklungshilfe zu tun hat? Diese Frage ist auf der einen Seite einfach und auf der anderen Seite sehr schwierig zu beantworten. Der Sport ist ein Phänomen der abendländisch-westlichen Kultur und wurde nach Afrika und in andere Kontinente durch den Kolonialismus u.a. verbreitet. Daraus resultiert, daß er auch heute noch in den Ländern der Dritten Welt gängig ist und einen Teil der dortigen Kultur bildet. Auf der Basis von Entwicklungszusammenarbeit soll der Sport nun, und das ist der einfache Teil zur Beantwortung der Frage, in seiner Ausprägung vor Ort weiterentwickelt und internationalen Maßstäben angepaßt oder Breitensportbedingungen sollen verbessert werden.
Seit vielen Jahren betätigt sich daher die Bundesrepublik Deutschland in dem Bereich der Entwicklungszusammenarbeit im Sport mit Ländern aus der Dritten Welt. Auch heute noch unterstützt der Bund den Sport in Entwicklungsländern mit einer Summe von jährlich rund 7 Millionen DM. Aus diesem Tatbestand läßt sich jedoch ableiten, daß die Förderung des Sports in der Dritten Welt auch ein Politikum darstellt, was zur Folge hat, daß bei allen Maßnahmen politisch-wirtschaftliche Erwägungen eine bedeutende Rolle spielen. Aus diesen Zusammenhängen hat sich über viele Jahre ein

---
[1] Vgl. Küper, Wolfgang: „Sportförderung in Ländern der Dritten Welt und Entwicklungsförderung durch Sport", In: GTZ (Hrsg.): „Sportförderung in Ländern der Dritten Welt", Eschborn 1985, S. 10.

Konzeptionen zur Sportförderung in der Dritten Welt

sehr komplexes Netzwerk zur Förderung des Sports in Entwicklungsländern aus Trägern und Organisationen der Politik, Entwicklungshilfe und des deutschen Sports entwickelt. Dabei unterscheiden sich die Träger und Organisationen durch eigene Konzeptionen, die sich in der Durchführung von Projekten in Ländern der Dritten Welt widerspiegeln.

Die vorliegende Arbeit beginnt daher mit einem umfangreichen deskriptiven Teil, im direkt anschließenden 2. Kapitel wird eine Darstellung von Zusammenhängen aus der Entwicklungspolitik erarbeitet, um so dem Leser eine Basisvoraussetzung für die eigentliche Thematik zu geben. Diese dient zum besseren Verständnis, da auch der Bereich der internationalen Sportförderung in das Geflecht bundesdeutscher Entwicklungspolitik und Auswärtiger Kulturpolitik eingebettet ist. Direkt anschließend an dieses Kapitel folgt dann eine umfangreiche Darstellung von Zusammenhängen bilateraler bundesdeutscher Entwicklungszusammenarbeit im Sport mit Ländern der Dritten Welt. Dabei sind die verschiedenen Konzeptionen und Maßnahmen mit eingeschlossen. An dieser Stelle sei aber direkt darauf verwiesen, daß die vorliegende Arbeit sich ausschließlich mit der bundesdeutschen bilateralen Sportförderung auseinandersetzt, da Fördermaßnahmen anderer Länder und auch die von internationalen Organisationen (wie der UNESCO u.a.) den Rahmen dieser Ausarbeitung sprengen würde.

Was nun in dem Zusammenhang von Sport und Entwicklungshilfe den schwierigen Teil zur Beantwortung der zuvor gestellten Frage betrifft, bezieht sie sich darauf, ob Sportförderung in der Dritten Welt überhaupt sinnvoll und welche Bedeutung ihr beizumessen ist. Im vierten Kapitel wird die Legitimation von Sportfördermaßnahmen in Entwicklungsländern aus der Sicht deutscher Sportwissenschaftler kritisch reflektiert. Dieser kritischen Diskussion folgt in den Kapiteln 5 und 6 eine praktische Bezugnahme, um das theoretische Fundament des deskriptiven Teils nun anhand von drei verschiedenen Sportprojekten mit unterschiedlicher Konzeption dem Leser zu veranschaulichen. Die Republik Südafrika dient hierbei als Beispiel von pragmatischer Umsetzung der Sportförderung vor Ort.

Da Südafrika jedoch aufgrund seiner Geschichte der Apartheid eine Sonderrolle im Kontext der afrikanischen Länder einnimmt, führt das vorangestellte fünfte Kapitel in die heute vorzufindende Situation des Landes ein. Darin beschäftigt sich der größere Teil mit der Geschichte des Sports und den heutigen Sportstrukturen. Diese Basis ermöglicht dem Leser ein besseres Verständnis, wenn dann im sechsten Kapitel die Beschreibung der einzelnen drei deutschen bilateralen Projekte im Land am Kap folgt.

Einleitung

Bei der vorliegenden Arbeit kann man durchaus von einer Dichotomie sprechen, wobei der erste Teil die theoretischen Grundlagen von Konzeptionen der internationalen Sportförderung aus deutscher Sicht darlegt.

Der zweite Teil setzt sich daran anschließend mit dem „Schwerpunkt" des Landes Südafrika auseinander.

Mit der Schlußbetrachtung, die dem Leser als Resümee dienen soll, schließt meine Arbeit.

Konzeptionen zur Sportförderung in der Dritten Welt

2. Allgemeine Entwicklungspolitik

Dieses Kapitel soll als Fundament für den weiteren Verlauf dieser Arbeit helfen. Der Bereich der internationalen Zusammenarbeit in der Entwicklungspolitik läßt sich als ein weites Feld bezeichnen. Entwicklungshilfe bedingt nicht nur reine Nächstenliebe, sondern bedeutet auch an Interessen orientierte Politik, in der viele verschiedene Verbände und Strukturen miteinander verwoben sind. Dieses Kapitel dient dazu, dem Leser einen Überblick über den Bereich Dritte Welt und Entwicklungspolitik in seinen nationalen und internationalen Zusammenhängen zu geben.
Auch der Zweig der internationalen deutschen Sportförderung, der nicht in einem luftleeren Raum schwebt, läßt sich in diesen Kontext eingliedern.

2.1 Der Begriff Dritte Welt

Der Begriff Dritte Welt[2] bezeichnet eine Gruppe von Ländern im Internationalen System, für die sich zuvor kein geeigneter Name hat finden lassen. Dies bedeutet jedoch nicht, daß man den Mitgliedern dieser Länder eine strikte Homogenität unterstellt. Der Begriff sollte auf eine beschreibende Funktion beschränkt bleiben und nicht normativ, theoretisch oder strategisch überhöht werden.[3]
Eine Begriffsbestimmung formulierten 1982 die Politikwissenschaftler Dieter Nohlen und Franz Nuscheler wie folgt:

Die Dritte Welt bilden strukturell heterogene Länder mit ungenügender Produktivkraftentfaltung (unabhängig vom Pro-Kopf-Einkommen), die sich zur Durchsetzung ihrer wirtschaftlichen und politischen Ziele gegenüber dem „reichen Norden" und aufgrund gemeinsamer geschichtlicher Erfahrungen und Interessen politisch solidarisiert und in verschiedenen Aktionseinheiten lose organisiert haben.[4]

---

[2] Die Herkunft des Begriffs geht auf das Jahr 1949 zurück. Es war der Versuch einer von der kommunistischen Partei in Frankreich, unabhängige Oppositionspolitik gegenüber den kapitalistischen Parteien auf die internationale Ebene zu übertragen. Die Vorstellung eines Dritten Weges ist hier immanent, die sich daraufhin in der Blockfreienbewegung manifestierte. Aber erst in den 60er Jahren dehnt sich der Begriff auf alle Entwicklungsländer in Übersee aus, als Unterschiede wirtschaftlicher Entwicklung in den internationalen Beziehungen an Bedeutung gewinnen. Vgl. Nohlen, Dieter (Hg.): „Lexikon Dritte Welt", vollständig überar. Neuausgabe, Hamburg 1998, S. 184 f.
[3] Vgl. Nohlen, Dieter (Hg.), a.a.O., S. 184.
[4] Nohlen, Dieter, a.a.O., S. 184.

Demnach sind zwei Kriterien maßgebend: das wirtschaftliche und das politische, welche eng miteinander verwoben sind. Das hier prägende wirtschaftliche Definitionsmerkmal ist strukturelle Heterogenität, verbunden mit ungenügender Produktivkraftentwicklung. Die Höhe des Pro-Kopf-Einkommens der einzelnen Länder steht in diesem Zusammenhang nicht als Maßstab zur Verfügung. Und doch machen sich viele internationale Organisationen und Geberländer diesen Maßstab für ihre Entwicklungspolitik zu eigen.

Das politische Kriterium geht zurück auf historische Erfahrungen, Interessenidentität und subjektives Zugehörigkeitsgefühl dieser einzelnen Länder.

Im Gegensatz zu westlichen Industrieländern oder Staatshandelsländern ist das kennzeichnende Merkmal aller Dritte-Welt-Länder die Unterentwicklung. Hierbei ist jedoch kritisch anzumerken, daß sich dieses Merkmal kaum als Bezeichnung der Ländergruppe eignet, weil es am Standard der entwickelten Staaten gewonnen wird und die Ursachen nicht mit angegeben werden können. Der international gebräuchlichste Begriff ist „Entwicklungsland", der aber auch nicht die innerhalb der Ländergruppe notwendigen Differenzierungen leisten kann.[5]

2.1.1 Merkmale und Probleme von Entwicklungsländern

Als Charakteristikum von Entwicklungsländern kann allgemein gelten, daß sie nicht in der Lage sind, für die Masse ihrer Bevölkerung grundlegende Existenzbedürfnisse zu befriedigen. Die zentralen Probleme der Entwicklungsländer sind Armut, Bevölkerungswachstum, Ernährungsunsicherheit (sowie Trinkwassermangel) und Verschuldung.[6] Folgende Merkmale sind in mehr oder minder ausgeprägter Form in den meisten Entwicklungsländern anzutreffen:

Ökonomische[7], soziodemographische[8], ökologische[9], soziokulturelle und politische[10].

---

[5] Vgl. Nohlen, Dieter, a.a.O., S. 185.
[6] Vgl. BMZ (Hg.): „Zehnter Bericht zur Entwicklungspolitik der Bundesregierung", Bonn 1997, S. 17-28.
[7] Hiermit ist gemeint: geringes durchschnittliches Pro-Kopf-Einkommen verbunden mit ungleicher Einkommensverteilung; hohe Arbeitslosigkeit; niedrige Investitionsrate; hohe Analphabetenquote; geringe Produktivität; etc. Vgl. Woyke, Wichard (Hrsg.): „Handwörterbuch Internationale Politik", 7. aktualisierte Auflage, Opladen 1998, S.72.

Allgemeine Entwicklungspolitik

Viele dieser Merkmale beeinflussen sich so, daß sie sich gegenseitig verstärken (circuli vitiosi). Dieser Tatbestand hat zur Konstruktion zahlreicher „Teufelskreise" geführt, die jedoch nichts über die tiefer liegenden Ursachen von Unterentwicklung aussagen.[11]

2.2 Entwicklungstheorien

In der entwicklungstheoretischen Diskussion lassen sich zwar über die Zeit Akzentverschiebungen und begrenzte Lerneffekte beobachten, aber durchgängig konkurrieren zwei Grundsätze miteinander: Modernisierungs- und Dependenzansätze. Beiden gemeinsam ist eine Grundorientierung am Entwicklungsmodell westlicher und östlicher Industrieländer und die Dominanz einer ökonomischen Perspektive im Entwicklungsprozeß. Ihre unterschiedlichen Ansätze sollen in den nächsten beiden Unterkapiteln verdeutlicht werden.

Was jedoch die praxisorientierte entwicklungspolitische Diskussion angeht, hat diese sehr allgemeine und abstrakte entwicklungstheoretische Auseinandersetzung nur eng begrenzte Auswirkungen gehabt. Sie bestimmte zwar weitgehend den Denkhorizont, aber handlungsrelevant wurden eher pragmatisch geprägte Überlegungen in Institutionen mit politischem Einfluß und eigenem Handlungspotential. Auch wurde die Entwicklung der Entwicklungspolitik in hohem Maße durch den Rahmen der internationalen Beziehungen, insbesondere veränderter Machtkonstellationen, geprägt.[12] Trotzdem halte ich es an dieser Stelle für grundlegend, auf die divergierende theoretische Auseinandersetzung von Unterentwicklung und auf die damit verbundenen Strategieempfehlungen für Entwicklungspolitik explizit einzugehen.

---

[8] Hiermit ist gemeint: deutlich geringere Lebenserwartung; „Bevölkerungsexplosion"; Landflucht; Migration; etc. Ebd., S.72.
[9] Hiermit ist gemeint: armutsbedingte Zerstörung anfälliger Ökosysteme; etc. Vgl. Woyke, Wichard (Hrsg.), a.a.O., S.72.
[10] Hiermit ist gemeint: geringe soziale Mobilität; autoritärer und zugleich „schwacher" Staat; etc. Ebd., S.73.
[11] Ebd., S.73.
[12] Vgl. Woyke, Wichard (Hrsg.), a.a.O., S. 75.

Konzeptionen zur Sportförderung in der Dritten Welt

2.2.1 Die Modernisierungsansätze

Die Modernisierungsansätze sehen die Ursache der Unterentwicklung primär in internen Faktoren der Entwicklungsländer. Dies bedeutet, daß insbesondere Entwicklungsblockaden aufgrund der soziokulturellen Strukturen und mangelnder ökonomischer Dynamik in den jeweiligen Ländern aufgetreten sind. Demgegenüber tritt der Einfluß der Einbindung in internationale Strukturen (Weltmarkt) in den Hintergrund und wird eher positiv als Chance interpretiert.[13]

Für die unter Modernisierungstheorien subsumierten Theorien[14] ist die Grundvoraussetzung gerechtfertigt, daß die verschiedenen Theorien alle von einem Prozeß der Nachahmung und der Angleichung unterentwickelter Gesellschaften an die entwickelten Gesellschaften der westlichen Industrieländer ausgehen. Die Begriffe Tradition und Moderne markieren für den Modernisierungsprozeß den Ausgangspunkt und Endpunkt des Weges, den die Entwicklungsländergesellschaften zu durchlaufen haben. Während dieses Prozesses, der von außen (exogen) in Gang gesetzt wird, werden die traditionellen Werte und gesellschaftliche Strukturen dynamisiert und modernisiert.[15]

2.2.2 Dependenzansätze

Im Gegensatz zu den Modernisierungstheorien orten die überwiegend marxistisch beeinflußten Dependenzansätze die Ursachen der Unterentwicklung primär in externen Faktoren. Durch den Kolonialismus seien die Entwicklungsländer in ungerechte, allein auf die Interessen der Industrieländer ausgerichtete internationale Strukturen gezwungen worden. Damit sollte bewirkt werden, ihre Entwicklungspotentiale zu berauben und sie gezielt „unterzuentwickeln".

Die strukturell systematische Begünstigung der Metropolen (IL) und die Benachteiligung der Peripherie (EL) halte auch nach der formalen staatlichen Unabhängigkeit der Entwicklungsländer im Zuge des Entkolonialisierungsprozesses an. Als entscheidender Faktor der weiter bestehenden Abhängigkeit wird dabei die Elite in den Ent-

---

[13] Vgl. Woyke, Wichard (Hrsg.), a.a.O., S.74.
[14] Hierunter versteht man: Wachstumstheorien; Theorien des sozialen Wandels; etc.
[15] Vgl. Nohlen, Dieter, a.a.O., S. 523.

Allgemeine Entwicklungspolitik

wicklungsländern gesehen, die meist orientiert am Lebensstil der Industrienationen als „Brückenkopf" der Metropolen wirke.[16]
Die „Dependencia" legt im Gegensatz zur Modernisierungstheorie auch unterschiedliche Strategieempfehlungen nahe. Die Anhänger des Dependenzansatzes plädieren immanent konsistent für eine zeitweilige „Abkoppelung" vom Weltmarkt und autozentrierte, binnenwirtschaftlich ausgerichtete Entwicklung.

2.3 Entwicklungshilfe / -politik

Die Entwicklungshilfe ist eine Sammelbezeichnung für entwicklungs-bezogene Leistungen staatlicher und nicht-staatlicher Akteure aus den Industrieländern für Entwicklungsländer. Zur Begriffsklärung muß noch hinzugefügt werden, daß „Entwicklungshilfe" und „Entwicklungspolitik" häufig synonym gebraucht werden. Der Begriff „Entwicklungspolitik" ist jedoch umfassender und meint alle Mittel, die im Hinblick auf wirtschaftliche und soziale Entwicklung angewandt werden.[17]
Die Entwicklungshilfe kann auf bilateraler Ebene - die dominante Form - oder auf multilateraler Ebene vergeben werden.[18]
Die Frage Projekt- oder Programmhilfe berührt vor allem den Spielraum der jeweiligen Industrienationen beim Einsatz der Mittel. Die vorherrschende Form ist die Förderung konkreter Projekte, die von den Geberländern detailliert geprüft worden sind.[19]
Bei der Art der Leistungen wird dabei unterschieden zwischen der finanziellen Hilfe und der technischen Hilfe.[20]

2.3.1 Finanzielle Zusammenarbeit (FZ)

Bei der Finanziellen Zusammenarbeit handelt es sich in der Regel um begünstigte Kredite für Projekte oder Programme und bei den ärmsten Ländern (LLDC) seit 1978 um Zuschüsse.[21]

---
[16] Vgl. Woyke, Wichard (Hrsg.), a.a.O., S. 74.
[17] Vgl. Nohlen, Dieter, a.a.O., S. 220.
[18] Vgl. Woyke, Wichard (Hrsg.), a.a.O., S. 78.
[19] Ebd., S. 78.
[20] Vgl. Nohlen, Dieter, a.a.O., S. 220.
[21] Die Kapitalhilfe stellt innerhalb der Entwicklungshilfe trotz relativ gesunkener Bedeutung nach wie vor den größten Anteil. Vgl. Woyke, Wichard, a.a.O., S. 78.

Konzeptionen zur Sportförderung in der Dritten Welt

Bei der FZ war der Gedanke von Anfang an, daß die „unterentwickelten Länder" zu ihrer Entwicklung Investitionsgüter brauchen, zu deren Beschaffung sie aufgrund ihrer Devisenknappheit langfristige Auslandskredite benötigten. In der Regel finanziert die FZ nur die Devisenkosten für den Import, seit den 80er Jahren unter bestimmten Umständen auch einen Teil der Inlandskosten für den Erwerb inländischer Güter und Dienstleistungen.[22]

2.3.2 Technische Zusammenarbeit (TZ)

Bei der Technischen Zusammenarbeit geht es vorwiegend um Maßnahmen, die darauf abzielen, das „Leistungsvermögen von Menschen und Institutionen in den Entwicklungsländern" zu stärken. Dies geschieht vorwiegend durch Entsendung von Beratern und Fachkräften, durch Vergabe von Stipendien für die Ausbildung einheimischer Fach- und Führungskräfte, aber auch durch Lieferung von Sachmitteln und durch Baumaßnahmen.[23]

2.4 Deutsche Entwicklungspolitik

Die Geschichte der deutschen Entwicklungspolitik beginnt nicht erst 1961 mit der Gründung des BMZ (Bundesministerium für wirtschaftliche Zusammenarbeit), sondern schon 1956, als das Auswärtige Amt (AA) erstmals 50 Mio. DM für technische Hilfe an „unterentwickelte Gebiete" bereitstellt. Auf Drängen der USA und durch das Bestreben der von Konrad Adenauer geführten Bundesregierungen entsteht der Druck, sich mehr und mehr in der Entwicklungspolitik zu engagieren. Die Begründung für dieses Voranschreiten ist zur damaligen Zeit reine Interessenpolitik. Entwicklungshilfe wird zum Hebel der westlichen Blockpolitik und der Deutschlandpolitik, die darauf abzielt, einen Damm gegen die völkerrechtliche Anerkennung der DDR durch die schnell wachsende Zahl von Staaten in der Dritten Welt aufzubauen.[24]

---

[22] Vgl. Nuscheler, Franz: „Lern- und Arbeitsbuch Entwicklungspolitik", 4., völlig neu bearb. Auflage, Bonn 1996, S. 411.
[23] Vgl. Nuscheler, Franz, a.a.O., S. 379.
[24] Vgl. Nuscheler, Franz, a.a.O., S. 412.

Allgemeine Entwicklungspolitik

Im weiteren Verlauf der Jahrzehnte kommt es natürlich zu Akzentverschiebungen in der deutschen Entwicklungspolitik, die durch Besetzung neuer Ministerposten unterschiedlicher Fraktionen ihre Begründung findet. Doch durchgehend bis in die 90er Jahre läßt sich aussagen, daß die deutsche Entwicklungspolitik reine Interessenpolitik verfolgt hat. Abgesehen von der kurzen Phase der Öffnung und der Weltinnenpolitik unter Brand / Eppler[25] war sie weitgehend ein Instrument der Außen- und Wirtschaftspolitik. Die wiederum orientierte sich im wesentlichen an einem eurozentrischen Modernisierungskonzept, dem im Prinzip alle großen Industrienationen folgten.[26]

Durch den weltpolitischen Umbruch 1989/90 verändern sich die Rahmenbedingungen für die deutsche Außenpolitik grundlegend.[27] Der Entwicklungspolitik als Teil der Außenpolitik nimmt die Befreiung vom Ballast des Kalten Krieges zwar die geostrategische Schubkraft, ermöglicht aber auch das Nachdenken über notwendige Neuorientierungen. An dieser Stelle sei noch anzumerken, daß nach der deutsch-deutschen Wiedervereinigung in der gesamtdeutschen Entwicklungspolitik nicht viel aus dem Erbe der DDR übriggeblieben ist.[28]

Infolge der Umbesetzung im Ministerium fordert der neue Minister des BMZ, Carl-Dieter Spranger, im Januar 1991 fünf neue Vergabekriterien für Entwicklungshilfe. Ich gebe sie an dieser Stelle gekürzt wieder:
- die Beachtung der Menschenrechte, die nicht nur einen moralischen Imperativ darstelle;
- die Beteiligung der Bevölkerung am politischen Prozeß;
- die Gewährleistung von Rechtssicherheit und Rechtsstaatlichkeit;
- Schaffung einer „marktfreundlichen" Wirtschaftsordnung;
- Die „Entwicklungsorientierung" staatlichen Handelns, die einschließt: die Mobilisierung eigener Kräfte und Ressourcen für die Armutsbekämpfung; die Erhaltung natürlichen Lebensgrundlagen durch eine Strategie des sustainable development[29] u.a.[30]

---

[25] Der dritte Minister im BMZ, Erhard Eppler, wird von einer Reformwelle getragen. In seiner Amtszeit (1968-74) zeichnet sich eine Wende in der Zielsetzung von Entwicklungspolitik ab. Vgl. Nuscheler, Franz, a.a.O., S. 380.
[26] Giebenhain, Heinz: „Sportförderung in der Dritten Welt", Tübingen 1990, S. 63.
[27] Vgl. Nohlen, Dieter, a.a.O., S.228.
[28] Vgl. Nuscheler, Franz, a.a.O., S. 387.
[29] Der Begriff „Sustainability" , übersetzt in Form von Zukunftsfähigkeit, stammt ursprünglich aus der Forstwirtschaft. Er bezeichnet dort ein betriebswirtschaftliches Konzept, nach dem der Holzeinschlag nicht größer sein sollte als die nachwachsende Holzmenge, wobei die langfristige Nutzung garantiert bleiben muß. Vgl. Nohlen, Dieter, a.a.O., S. 711 f.

Konzeptionen zur Sportförderung in der Dritten Welt

In dieser Phase der Entwicklungspolitik sind die neuen Schlüsselbegriffe „Politische Konditionierung", „globale Strukturpolitik" und "regionale Differenzierung". Die praktische Umsetzung der konzeptionellen Neuerungen gelingt bislang infolge innenpolitischer Erfordernisse, außenwirtschaftlicher Interessen und Etat-Kürzungen jedoch nur ansatzweise. Dagegen wird die deutsche Entwicklungspolitik im Sog anderer Politikfelder zunehmend von dem gegenwärtigen Trend der „Vertriebswirtschaftlichung" erfaßt. Angesichts weltweiter wirtschaftlicher Krisen, des gegenwärtigen entwicklungstheoretischen Vakuums und einer entwicklungspolitischen Zielkrise ist zu vermuten, daß der Handlungsspielraum einer funktional eigenständigen Entwicklungspolitik in Zukunft noch weiter verengt wird.[31]
Und das vereinigte Deutschland hat sich nicht zu einem entwicklungspolitischen Neubeginn durchringen können. Eine Politik der „globalen Zukunftssicherung" läßt sich schwer mit einem schrumpfenden Entwicklungsetat und einem um seine Existenz bangenden Ministerium verwirklichen.[32]

2.4.1 Entscheidungsstrukturen deutscher Entwicklungspolitik

Die Ressortzuständigkeit für die deutsche Entwicklungspolitik wird zunächst beim BMZ vermutet. Das wäre aber zu vereinfacht dargestellt, da zum ersten der Einfluß anderer Ministerien (wie das AA) auf den entwicklungspolitischen Entscheidungsprozeß nicht unterschätzt werden darf. Zweitens werden zwar bisher die Richtungsentscheidungen in Bonn (Berlin) getroffen, die Ausführungsebene obliegt dann aber nicht mehr dem BMZ. Parastaatliche Organisationen wie die Deutsche Gesellschaft für Technische Zusammenarbeit (GTZ) führen die Entwicklungsprojekte aus. Als dritter Punkt muß noch angeführt werden, daß man das entwicklungspolitische Engagement der Bundesländer[33], Kommunen und anderer Organisationen nicht unterschätzen darf.[34]

---

[30] Vgl. Nuscheler, Franz, a.a.O., S. 388f.
[31] Vgl. Nohlen, Dieter, a.a.O., S. 228.
[32] Vgl. Nuscheler, Franz, a.a.O., S. 393.
[33] Prinzipiell ist Entwicklungshilfe als Teil der auswärtigen Beziehungen Angelegenheit des Bundes. Jedoch beteiligen sich die Länder seit der MP-Konferenz vom Mai 1962 unter Anerkennung der im Grundgesetz verankerten Bundeskompetenz im Rahmen ihrer Zuständigkeit an der entwicklungspolitischen Zusammenarbeit der Bundesrepublik Deutschland mit den Entwicklungsländern. Vgl. Nohlen, Dieter, a.a.O., S. 235.
[34] Vgl. Nuscheler, Franz, a.a.O., S. 394.

Allgemeine Entwicklungspolitik

2.4.1.1 Das Auswärtige Amt (AA)

Die grundlegende Aufgabe des Auswärtigen Amtes ist die Pflege der auswärtigen Beziehungen zu ausländischen Staaten. Der Auswärtige Dienst ist das Instrument zur Wahrnehmung dieser Aufgabe. Er gestaltet und koordiniert im Bereich der Exekutive die Außenpolitik mit allen Mitgliedern der Völkergemeinschaft sowie einer Vielzahl internationaler Organisationen.[35]
Im Bereich der Entwicklungspolitik entscheidet das AA bei der Formulierung und Anwendung von politischen Vergabekriterien und bei der Verteilung der BMZ-Mittel auf Regionen und Länder mit. Es ist als Sachwalter außenpolitischer Interessen auf Bundesebene in jede Projektentscheidung einbezogen.[36]

2.4.1.2 Das BMZ und seine Entwicklungspolitische Konzeption

Für das BMZ ist die Entwicklungspolitische Zusammenarbeit neben der Außen-, Außenwirtschafts- und Sicherheitspolitik ein wesentlicher Bestandteil der deutschen auswärtigen Beziehungen.
Die Hauptmotive deutscher Entwicklungszusammenarbeit sind eine ethisch-humanitäre und eine über die nationalen Grenzen hinausgehende politische Verantwortung. Es existiert auch ein eigenes Interesse an der Erhaltung der natürlichen Lebensgrundlagen, der Abwehr globaler Risiken und einer langfristig stabilen Entwicklung der Partnerländer.[37]
Das Ziel deutscher Entwicklungspolitik läßt sich definieren als Verbesserung der Lebensbedingungen der Menschen in den jeweiligen Partnerländern.
Die Grundprinzipien des BMZ lassen sich so festlegen, daß Entwicklungszusammenarbeit Hilfe zur Selbsthilfe sein muß. Die entscheidende Verantwortung, entwicklungsfördernde interne Rahmenbedingungen zu schaffen, liegt bei den jeweiligen Partnerländern. Die Leistungen von außen sollen Anstöße und Starthilfen geben, aber nicht Eigenanstrengungen ersetzen.[38]
Die deutsche Entwicklungszusammenarbeit hat sich drei Schwerpunkte gesetzt, in denen entsprechende Maßnahmen durchgeführt werden. Diese drei Schwerpunkte

---

[35] Vgl. Auswärtiges Amt (Hrsg.): „Deutsche Außenpolitik 1997", Bonn 1998. S. 9.
[36] Vgl. Nuscheler, Franz, a.a.O., S. 395.
[37] Vgl. BMZ (Hrsg.): „Journalistenhandbuch – Entwicklungspolitik 1998", Bonn 1998, S. 23.

Konzeptionen zur Sportförderung in der Dritten Welt

sind Armutsbekämpfung, Umwelt- und Ressourcenschutz sowie Bildung und Ausbildung.[39] Die Programme und Projekte der Entwicklungszusammenarbeit mit dem BMZ setzen an den Ursachen von Armut, Umweltzerstörung und Unterdrückung an. Um wirksam und nachhaltig zu sein, müssen sie in die Politik der Partnerländer eingebunden werden. Oft geht es um Strukturveränderung und Strukturneubildung. Politisch und finanziell liegt das Hauptgewicht auf der bilateralen staatlichen Zusammenarbeit. Durch Finanzielle und Technische Zusammenarbeit[40] werden Projekte und Programme des Partnerlandes unterstützt.[41]

2.4.2 Kritische Anmerkungen zur deutschen Entwicklungspolitik

Ich beziehe mich in diesem Unterkapitel größtenteils auf die Ausführungen „Deutsche Entwicklungspolitik in ihren nationalen und internationalen Zusammenhängen" von Winfried Böll.

Für ihn ist Entwicklungshilfepolitik[42] eine Staatenveranstaltung, wobei der Nutzen, das Wohl und das Interesse der Staaten dabei entscheidend ist. Wie auch jede andere Politik orientiert sie sich hier an den Interessen der Bundesrepublik Deutschland, welche kurzfristig[43] oder langfristig[44] definiert sind.

Im weiteren Verlauf seines Essays postuliert Böll, daß entwicklungspolitische Interessen meist verbunden sind mit kurzsichtigem und kurzfristigem Interessentum politischer ökonomischer Kräfte. Leider steht dies im Gegensatz zur effizienten Entwicklungshilfepolitik, die nur vor einem weiten Zeithorizont sinnvoll ist.[45]

---

[38] Vgl. BMZ (Hrsg.): „Journalistenhandbuch 1998", S. 25.
[39] Vgl. BMZ (Hrsg.): „Materialien, Grundlagen der deutschen Entwicklungszusammenarbeit", Bonn 1997, S. 6.
[40] Vgl. hierzu die Kapitel 2.4.1 und 2.4.2 meiner Arbeit.
[41] Vgl. BMZ (Hrsg.): „Journalistenhandbuch – Entwicklungspolitik 1998", S. 31 f.
[42] Entwicklungspolitik ist nach Böll immer eine Politik im eigenen Land. Daher sollte man nach seiner Auffassung beim Vorhaben, anderen Ländern zu helfen, eher von Entwicklungshilfepolitik sprechen. Vgl. Böll, Winfried: „Deutsche Entwicklungspolitik in ihren nationalen und internationalen Zusammenhängen", In: Andresen, Rolf u.a. (Hrsg.): "Beiträge zur Zusammenarbeit im Sport mit der Dritten Welt", Schorndorf 1989, S. 33.
[43] Dies meint eine Orientierung an der Überwindung augenblicklicher Schwierigkeiten, etwa an augenblicklichen Exportinteressen strukturschwacher Branchen. Vgl. Böll, Winfried, a.a.O., In: Andresen, Rolf u.a. (Hrsg.): „Beiträge zur Zusammenarbeit im Sport mit der Dritten Welt", Schorndorf 1989, S.33.
[44] Dies meint eine Orientierung an den möglichen Chancen einer größeren Massenkaufkraft. Ebd. S.33.
[45] Ebd. S. 34.

Allgemeine Entwicklungspolitik

Auch muß die Thematik Entwicklungshilfepolitik in einem globalen Kontext betrachtet werden, was beinhaltet, daß man es mit einer totalen Komplexität der gegenwärtigen Welt zu tun hat. Dies bedeutet, daß über 160 Staaten mit ihr auf die eine oder andere Weise befaßt sind. Oftmals in Konkurrenz untereinander sind sogenannte Empfängerländer mit den sogenannten Geberländern verflochten. Und dabei sind alle Sektoren und Fachbereiche menschlichen Lebens in Entwicklungshilfepolitik einbezogen, vom Agrarwesen bis hin zum Sport.[46]

Nach Böll ist Entwicklungshilfepolitik zu einem typischen Instrument für mittlere Mächte geworden, die nicht mehr militärische Machtprojektion in Übersee demonstrieren wollen oder können. Für alte Kolonialmächte wie England und Frankreich unterstützt Entwicklungspolitik die bescheidenen Reste klassischer Machtpräsenz.

Für die Bundesrepublik Deutschland lassen sich folgende Interessen der Entwicklungshilfepolitik anführen: Teilhabe an der Sicherung des Friedens, insbesondere durch die Stützung der Blockfreiheit von Entwicklungsländern und die Aufrechterhaltung allgemein freundschaftlicher Beziehungen als Voraussetzung für die Wahrung wirtschafts- und in gewisser Weise auch kulturpolitischer Interessen für ihre entwicklungspolitische Präsenz. Entwicklungshilfepolitik ist ein Instrument der indirekten langfristigen, sozusagen „sanften" politischen Beeinflussung.

Was den gesetzlichen Rahmen von Entwicklungspolitik in der Bundesrepublik Deutschland angeht, ist sie im Hinblick auf die Rangfolge ihrer Zielsetzungen nicht festgelegt und damit auch kaum geschützt. Es gibt kein Entwicklungshilfegesetz. Die gesetzliche Grundlage für Entwicklungshilfepolitik ist das jährlich zu erneuernde Haushaltsgesetz. Das BMZ nimmt dabei die Aufgaben wahr, die sich auf dem Gebiet der Entwicklungspolitik für die Bundesregierung ergeben.[47] Und da bereits in Kapitel 2.4.1 erwähnt wurde, daß das Machtpotential des BMZ als eher eingeschränkt zu bezeichnen sei, stehen die Ausführungen von Böll hier nicht als Widerspruch zu den zuvor bearbeiteten Kapiteln. Eher das Gegenteil ist der Fall.

Resümierend an dieser Stelle zitiere ich Heinz Giebenhain:

Die Entwicklungspolitik der Bundesrepublik Deutschland bewegte sich immer im Spannungsfeld der nationalen Interessen und den genuin ethischen und sachlichen Ansprüchen des eigenen Bereiches [...], sie sah und sieht sich immer konfrontiert mit der Alternative, Hilfsinstrument für die Außenpolitik zu sein oder die ressorteigenen

---

[46] Ebd. S. 35.
[47] Vgl. Böll, Winfried, a.a.O., In: Andresen, Rolf u.a. (Hrsg.), a.a.O., S. 39.

Konzeptionen zur Sportförderung in der Dritten Welt

Interessen zu vertreten, zumindest so lange, bis die Einsicht der Notwendigkeit einer international abgestimmten Weltinnenpolitik sich durchsetzen kann.[48]

---

[48] Giebenhain, Heinz, „Sportförderung in der Dritten Welt", Tübingen 1990, S. 60.

3. Bilaterale Entwicklungszusammenarbeit der Bundesrepublik Deutschland auf dem Gebiet des Sports

Seit vielen Jahren finanziert und initiiert die Bundesregierung Sportfördermaßnahmen in der Dritten Welt. In diesem Zusammenhang rühmt sie sich, mit weit über 100 Sportprojekten seit 1971 in etwa 70 Entwicklungs-Staaten einen wichtigen Beitrag zur Entwicklung sportlicher Strukturen geleistet zu haben.[49]
Die Bundesministerien sind jedoch auf der Durchführungsebene nicht mehr für die einzelnen Projekte zuständig. Verschiedene deutsche Gesellschaften und Sportorganisationen werden damit beauftragt. Dieser Umstand macht den Bereich der bundesdeutschen internationalen Sportförderung sehr unübersichtlich.
Dieses Kapitel dient nun dazu, dem Leser einen Überblick über den komplexen Bereich der internationalen Entwicklungszusammenarbeit im Sport zu verschaffen. Dabei beginne ich in diesem Kapitel chronologisch mit dem geschichtlichen Verlauf seit Beginn der 60er Jahre, der den Leser auf direktem Wege zur Jetztzeit führt. Hinzu werden die aktuellen Konzeptionen und Maßnahmen der verschiedenen beteiligten Institutionen und Gesellschaften dargelegt. Dabei fällt auf, daß es oft zu Überschneidungen und Parallelen kommt.

3.1 Historischer Abriß der bundesdeutschen Sportförderung in den Ländern der Dritten Welt

Die Bundesregierung fördert seit Anfang der 60er Jahre Sportprojekte in Ländern der Dritten Welt. Der Anlaß zu ersten Maßnahmen in der Sportförderung geht zurück auf Anfragen von Sportorganisationen der Entwicklungsländer an den Deutschen Sportbund (DSB) und an das Nationale Olympische Komitee (NOK). Die Entwicklungsländer erhofften sich aufgrund von Unterstützung der deutschen Sportorganisationen, Anschluß an den „internationalen Sportstandard" zu finden.[50]
Doch weder dem DSB noch dem NOK für Deutschland stehen die erforderlichen finanziellen Mittel für derartige Hilfe zur Verfügung, so daß beide deutschen Sportorganisationen bei der Finanzierung ihrer Vorhaben auf die staatliche Hilfe angewiesen

---

[49] Vgl. BMI (Hrsg.): „Achter Sportbericht der Bundesregierung", a.a.O., S. 119.
[50] Vgl. Naumann, Ernst: „Sportentwicklungshilfe auf neuen Wegen. Konzeption des Sports hat sich bewährt", In: Olympische Jugend 18, 1973, S. 14.

Konzeptionen zur Sportförderung in der Dritten Welt

sind. Dabei unterliegt der organisierte Sport der Auflage, die ihm von Bund, Ländern und Gemeinden bereitgestellten finanziellen Mittel gemäß den Zielen einzusetzen, die als Grundlage zur Bewilligung dienen.

Da „Sportförderung in der Dritten Welt" zum damaligen Zeitpunkt jedoch noch nicht in den Zielsetzungen des Bundes enthalten ist, wird die Bundesregierung aufgefordert, Sport als förderungswürdig anzuerkennen. Dies geschieht, und ab dem Jahr 1962 werden zum erstenmal Maßnahmen zur Förderung des Sports in Ländern der Dritten Welt auf Anregung des deutschen Sports durchgeführt. Diese ersten Projekte laufen im Auftrag des Auswärtigen Amtes, welches zu Anfang einen Betrag von DM 56000,- zur Verfügung stellt, wobei die Summe von Jahr zu Jahr größer wird und 20 Jahre später auf 5,6 Mio. angewachsen ist. Mit diesen Mitteln werden Anfang der 60er Jahre entsprechend den von den Entwicklungsländern geäußerten Wünschen vorrangig Maßnahmen in ausgewählten Wettkampfsportarten gefördert, die das Ziel verfolgen, den Sport in diesen Ländern auf das Niveau des Sports in Industrieländern anzuheben.[51]

Diese erste Phase der Sportentwicklungshilfe ist politisch eingebettet in den Gesamtkontext der damaligen Zeit. Der permanente Nord-Süd-Konflikt[52] wird überlagert durch den Ost-West Konflikt, wobei die Großmächte in den Peripherien (EL) um die Ausdehnung ihrer Einflußzonen kämpfen.[53]

Ein zentrales Gebermotiv für die Gewährung von Sportentwicklungshilfe von seiten der Bundesregierung ist das Wettrennen zwischen Ost und West um den Einfluß in den Ländern der Dritten Welt. Der Sport scheint ein hilfreiches Mittel zu sein, neben wirtschaftspolitischen Faktoren auch machtpolitischen Einfluß zu gewinnen. Dabei ist er Bestandteil der sogenannten „Hallstein-Doktrin"[54], welcher er zumindest zeitweilig folgt.[55] Vor diesem Hintergrund in einem politischen Spannungsfeld zwischen Ost-West muß die Sportaußenpolitik der Anfangsphase gesehen werden.[56]

---

[51] Vgl. Digel, Helmut; Fronhoff, Peter: „Sport in der Entwicklungszusammenarbeit", Darmstadt 1989, S. 175.
[52] Der Nord-Süd-Konflikt bezeichnet jenes strukturelle Konfliktverhältnis, das sich aus den unterschiedlichen wirtschaftlichen, sozialen und politischen Entwicklungschancen von Entwicklungsländern einerseits und Industrieländern andererseits ergibt und das zu einem zentralen Problem der internationalen Beziehungen im letzten Drittel des 20. Jh. geworden ist. Vgl. Nohlen, Dieter, a.a.O., S. 565.
[53] Vgl. Giebenhain, Heinz, a.a.O., S.74.
[54] Der politische Hintergrund zur Entstehung der sogenannten „Hallstein-Doktrin", welche in die deutsch-deutsche Geschichte eingegangen ist, läßt sich folgendermaßen erläutern: Mitte der 50er Jahre versucht Bonn zu verhindern, daß die Aufnahme diplomatischer Beziehungen zu Moskau von dritten Staaten als willkommene Rechtfertigung benutzt werden konnte, ihrerseits diplomatische Beziehungen zur DDR herzustellen, damit das Regime anzuerkennen und zugleich den bundesdeutschen Alleinvertretungsanspruch zu gefährden. Vgl. Schöllgen, Gregor: „Die Außenpolitik der Bundesrepublik Deutschland", Bonn 1999, S. 45.

Bilaterale Entwicklungszusammenarbeit im Sport der BRD mit der RSA

Bis Anfang der 70er Jahre werden alle Sportfördermaßnahmen auf Bundesebene im Auftrag des Auswärtigen Amtes über dessen Etat für auswärtige Kulturpolitik finanziert. Damit ist nun eine übergreifende politische Zielbestimmung angegeben, aus der sich jedoch keinerlei Hinweise oder gar Kriterien für eine bestimmte Sportförderungskonzeption und für die Auswahl bestimmter Sportförderungsmaßnahmen ableiten läßt. Es wird vom Auswärtigen Amt angenommen, daß allein durch das Präsent- und Vertretensein der Bundesrepublik auf dem Gebiet des Sports bestimmte außenpolitische Zwecke hinreichend realisiert werden. Eine vergleichbare Auffassung wird zum Teil noch heute vertreten.[57]

Häufigste Maßnahme ist die Entsendung von Fußballtrainern. Dabei muß unterschieden werden zwischen Langzeit- und Kurzzeiteinsätzen. Im Bereich der Langzeitmaßnahmen werden neben Fußball noch Leichtathletik, Boxen, Radfahren, Schwimmen, Basketball, Turnen, Segelflug und Handball berücksichtigt. Zielgruppe der deutschen Experten ist dabei meist die jeweilige Nationalmannschaft.[58]

Diese erste Phase bundesdeutscher Sportförderungsmaßnahmen nennt Giebenhain die „Phase des naiven Ethnozentrismus". Entwicklungs-, außen- sowie sport- und kulturpolitische Gesichtspunkte stehen im Mittelpunkt der Maßnahmen. Die Motive sind dabei auf der sozialpolitischen, auf der sportlichen und auf der humanitär-ethnischen Ebene anzusiedeln.[59]

3.1.1 Allmähliche Neuorientierung der bundesdeutschen Sportförderung seit Anfang der 70er Jahre

Im Zuge einer allmählichen Neuorientierung in der Entwicklungspolitik kommt es im Jahr 1972 zur Ausdehnung des Kompetenzbereiches des Bundesministeriums für wirtschaftliche Zusammenarbeit (BMZ). Ihm wird die gesamte Technische Hilfe und ab 1972 die Zuständigkeit für die Kapitalhilfe im Rahmen bi- und multilateraler Zusammenarbeit übertragen. Diese Umstände wirken sich auch auf die Sportförderung

---

[55] Vgl. Digel, Helmut; Fronhoff, Peter, a.a.O., S. 175.
[56] Vgl. hierzu Kapitel 2.4 auf den Seiten 7 f. meiner Arbeit.
[57] Vgl. Digel, Helmut; Fronhoff, Peter, a.a.O., S. 175 f.
[58] Vgl. Digel, Helmut; Fronhoff, Peter, a.a.O., S. 176.
[59] Vgl. Giebenhain, Heinz, a.a.O., S. 79.

Konzeptionen zur Sportförderung in der Dritten Welt

aus, weil nun über die sogenannte Entwicklungshilfepolitik erstmals Mittel für sie bereitgestellt werden.

Sofort im Jahr 1972 steigt das BMZ mit relativ hohem finanziellen Aufwand in die Sportförderung ein. Dieser Umstand läßt sich jedoch darauf zurückzuführen, daß über dessen Haushalt die Finanzierung einer Kunststoffbahn in Nigeria abgewickelt wurde, die NOK-Präsident Daume im Vorfeld seiner Werbemaßnahmen für die Olympischen Spiele 1972 in München den Partnern in Nigeria versprochen hatte.[60]

Mit dem Einstieg des BMZ in die Sportförderung verbinden sich nun andere Zielsetzungen als die des Auswärtigen Amtes (AA), welches dabei die Auswärtige Kulturpolitik wahrnimmt. Die Auswärtige Kulturpolitik im Sport beinhaltet vorwiegend Ausbildung von Trainern und Übungsleitern sowie Sportstättenbau und Sportartenprojekte. Das BMZ dagegen soll hauptsächlich entwicklungsspezifische Maßnahmen in Schule und Hochschule, aber auch im Verbandsbereich wahrnehmen.[61]

Zum erstenmal erscheint 1970 der Sportbericht der Bundesregierung. Darin informiert der Herausgeber, das Bundesministerium des Innern (BMI), über den Bereich der auswärtigen Sportförderung im Namen des AA und BMZ[62]. Auch das BMI sieht dabei für den Sport in den Entwicklungsländern eine Trennung zwischen kulturpolitischen Aufgaben und Entwicklungshilfe. Die für die Sportprojekte verwendeten Mittel vom AA werden dabei vom BMI als dem für Sport zuständigen Fachressort verwaltet.

Im weiteren Verlauf des ersten Sportberichts merkt das BMI an, daß die Sportförderung insgesamt im „Rahmen der auswärtigen Kulturpolitik und der Entwicklungshilfe stärker intensiviert und durch engere Zusammenarbeit und gemeinsame Planung aller beteiligten Stellen noch wirksamer gestaltet werden" soll.[63]

Um diese Vorgabe des ersten Sportberichts nun zu realisieren und immer wieder aufkommende Kompetenzstreitigkeiten und Koordinationsmängel zwischen dem AA und BMZ zu unterbinden, wird am 08. Oktober 1971 der „Interministerielle Ausschuß zur Förderung des Sports in den Entwicklungsländern" (IMA) gegründet. Darin fungieren das Auswärtige Amt (AA), das Bundesministerium des Innern (BMI), das Bundesministerium für wirtschaftliche Zusammenarbeit (BMZ), der

---

[60] Vgl. Digel, Hemut; Fronhoff, Peter, a.a.O., S. 177.
[61] Vgl. Giebenhain, Heinz, a.a.O., S. 82.
[62] Beide Bereiche, AA und BMZ, geben in den ersten beiden Berichten der Bundesregierung trotzdem für sich kurze Statements für auswärtige Sportförderung ab. Aber erst ab dem dritten Sportbericht der Bundesregierung sind nur noch BMZ und AA für die Inhalte verantwortlich. Vgl. Giebenhain, Heinz, a.a.O., S. 82.
[63] Vgl. Giebenhain, Heinz, a.a.O., S. 82 f.

Bilaterale Entwicklungszusammenarbeit im Sport der BRD mit der RSA

Deutsche Sportbund (DSB) und das Nationale Olympische Komitee (NOK) als stimmberechtigte Vollmitglieder. In beratendem Status ergänzen den IMA der Deutsche Fußballbund (DFB) stellvertretend für die Fachverbände, die Deutsche Gesellschaft für technische Zusammenarbeit (GTZ) und das Bundesverwaltungsamt (BVA). Der IMA auf Referentenebene („Arbeits-IMA") tagt in der Regel zweimal jährlich.[64] Er dient dazu, alle Maßnahmen der Bundesregierung zu koordinieren und mit den sportfachlichen Vorstellungen des NOK und des DSB abzustimmen. Alle fachlichen Planungen werden dort beraten und in Jahresprogrammen zusammengefaßt. Der IMA entscheidet dabei einvernehmlich über die fachliche Durchführung der Projekte und legt die konzeptionellen Grundlagen der Fachplanung fest.[65]
Seiner Funktion, die Sportförderung konzeptionell zu steuern, konnte der IMA nach Auffassung von Digel/Fronhoff jedoch so gut wie nicht nachkommen. Die in dem Ausschuß gewonnenen Erfahrungen, vor allem aber haushaltsrechtliche Gründe, die auf die problematischen Überlappungen der einzelnen Förderungsbereiche verweisen, führen 1974 zu einer strengeren Abgrenzung der jeweiligen Zweige. Diese orientiert sich beim AA und BMZ an der auswärtigen Kulturpolitik bzw. der Bildungspolitik in den jeweiligen Entwicklungsländern.[66]

Die Förderungskompetenzen zwischen Auswärtigem Amt (AA), Bundesminister des Innern (BMI) und Bundesminister für wirtschaftliche Zusammenarbeit (BMZ) werden daher wie folgt abgegrenzt:

a) Finanzierung durch AA/fachliche Durchführung BMI:
- Aus- und Fortbildung von Lehrkräften für den Verbands- und Jugendsport in den Entwicklungsländern.
- Unterstützung von Sportverbänden und –vereinen in Entwicklungsländern.
- Förderung von Sportbegegnungen mit deutschen Mannschaften.

b) Finanzierung durch BMZ:
- Aus- und Fortbildung von Sportpädagogen für den Primar- und Sekundarbereich sowie von Wissenschaftlern für Universitäten.

---

[64] Vgl. Digel, Helmut; Fronhoff, Peter, a.a.O., S. 175.
[65] Vgl. BMI (Hrsg.): „Vierter Sportbericht der Bundesregierung", Bonn 1978, S. 130.
[66] Vgl. Digel, Helmut; Fronhoff, Peter, a.a.O., S. 178.

Konzeptionen zur Sportförderung in der Dritten Welt

c) Finanzierung durch AA oder BMZ:
- kombinierte wissenschaftliche Beratungs- und Ausbildungsprogramme für den Auf- und Ausbau von Organisationen (Vereine, Verbände), Ausbildungseinrichtungen (Übungsleiter- und Trainerschulen u.a.) und Sportstätten (baufachliche Beratung) im Bereich des Schul-, Jugend und Verbandssports.[67]

Die Arbeit des Interministeriellen Ausschusses (IMA) wird recht unterschiedlich bewertet. Auf der einen Seite äußern sich Abgeordnete der in ihm vertretenen Ressorts und der Bundestagsparteien zufrieden, wobei von anderer Seite (DSB und NOK u.a.) Kritik geäußert wird.

Diese zielt vor allem ab auf das Entscheidungsverfahren bei der Vergabe von jeweiligen Projekten.[68] Auf der Basis unverbindlicher Verabredung werden bis 1987 die Entscheidungen einvernehmlich getroffen. Die Problematik dieses Verfahrens liegt dann darin, daß durch die Zustimmungsverweigerung eines einzigen IMA-Mitgliedes ein Antrag auf Förderung abgelehnt werden kann. Daraus resultierte, daß sportfachliche Gesichtspunkte eher nachrangig, finanzielle und politische Gesichtspunkte eher primär berücksichtigt wurden.[69]

3.1.2 Finanzielle Aufwendung der Bundesregierung für Maßnahmen der Sportförderung in Entwicklungsländern

Die finanziellen Aufwendungen der Bundesregierung für Sportfördermaßnahmen in Entwicklungsländern sind im Verlauf von drei Jahrzehnten (von 1962 – 1987) angestiegen. Doch im Verhältnis zum gesamten Haushalt des Bundes lassen sie sich eher als äußerst gering bezeichnen. Dazu ist anzumerken, daß das Finanzvolumen des AA regelmäßig größer ist als das des BMZ. Diese Differenz wurde zwar Ende der 70er und Anfang der 80er Jahre geringer, jedoch zeigt sich immer deutlicher, daß die Mittel für die Sportförderung in Ländern der Dritten Welt, und hier insbesondere die Mittel des Bundesministeriums für wirtschaftliche Zusammenarbeit (BMZ), rückläufig sind.

---

[67] Vgl. BMI (Hrsg.): „Vierter Sportbericht der Bundesregierung", Bonn 1978, S. 130.
[68] Hierzu ist anzumerken, daß weder der DSB noch das NOK die Einrichtung des IMA offiziell in Frage gestellt haben. Vgl. Digel, Helmut; Fronhoff, Peter, a.a.O., S. 178.
[69] Vgl. Digel, Helmut; Fronhoff, Peter, a.a.O., S. 178.

Bilaterale Entwicklungszusammenarbeit im Sport der BRD mit der RSA

Die sinkende Tendenz beim BMZ ist auf die Systematik des Vergabeverfahrens zurückzuführen. Sportprojekte können sich dabei im Wettbewerb mit anderen Sektoren eher selten durchsetzen.[70]

Um einen Vergleich zur Jetztzeit herzustellen, füge ich an dieser Stelle die aktuellsten Zahlen an, die sich jedoch nur noch auf Sportprojekte der auswärtigen Kulturpolitik des AA in Ländern der Dritten Welt beziehen. Die Mittel für die Förderung von Sportbeziehungen zu Ländern der Dritten Welt betrugen 1993 6,521 Mio. DM. Für das Jahr 1994 waren 5,813 Mio. DM vorgesehen. Hinzu kommen noch Mittel für Sportgerätespenden im Wert von jährlich ca. 350.000 DM.[71] Die hier angeführten Zahlen bestätigen die rückläufige Tendenz der finanziellen Planungsdaten zur Sportförderung, weil sie sich immer noch auf dem gleichen Niveau der Beiträge aus den 70er und 80er Jahren befinden.

Wie bereits angemerkt, vergibt das Auswärtige Amt seine finanziellen Mittel für den Bereich Sport im Rahmen der auswärtigen Kulturpolitik. Die Anträge werden durch das Ministerium und das Bundesverwaltungsamt (BVA) überprüft, bevor die Mittelvergabe an die Träger (GTZ u.a.) erfolgt. In diesem Zusammenhang wird auch der IMA genutzt, um mit den Mitgliedern über Beratung und Abstimmung einen Konsens zu sichern und die subsidiäre Beteiligung der Sportdachverbände zu ermöglichen. Die Auszahlung der finanziellen Mittel erfolgt dann über das Bundesverwaltungsamt, wobei das BMI[72] an der Auszahlung nicht mehr beteiligt ist.[73]

3.2 Auftragsebene von bilateraler Entwicklungszusammenarbeit auf dem Gebiet des Sports in Ländern der Dritten Welt

Die Entwicklung des Sports in Ländern der Dritten Welt wird von verschiedenen Ministerien gefördert. Neben dem BMZ sind vor allem die Sportförderprogramme des

---

[70] Vgl. Digel, Helmut; Fronhoff, Peter, a.a.O., S. 180.
[71] Vgl. BMI (Hrsg.): „Achter Sportbericht der Bundesregierung", Bonn 1995, S. 120.
[72] Hierbei ist hinzuzufügen, daß das Bundesverwaltungsamt (BVA) also für das AA mangels eigenem Instrumentarium die Mittelbewirtschaftung für die Sportförderung wahrnimmt, was jedoch effektivitätshemmenden Aufwand bedeutet. Hinzu kommt, daß auch das BMI über das BVA indirekt eine Möglichkeit hatte, Einfluß auf Sportfördermaßnahmen auszuüben. Das BMI konnte gegenüber den vom IMA beschlossenen Maßnahmen einen Generalvorbehalt artikulieren, der in jedem Einzelfall nach Vorlage eines Programms aufgehoben werden mußte. Somit besaß das BMI die Möglichkeit, Maßnahmen im Vorfeld des vom BVA zu erstellenden Bewilligungsbescheides zu beeinflussen. Vgl. Digel, Helmut; Fronhoff, Peter, a.a.O., S. 179. Seit den 90er Jahren ist das BMI, was die Auszahlung der finanziellen Mittel betrifft, nicht mehr dazwischen geschaltet. Vgl. Tolk, Thomas, a.a.O., S. 114.
[73] Vgl. Tolk, Thomas, a.a.O., S. 114.

Konzeptionen zur Sportförderung in der Dritten Welt

Auswärtigen Amtes (AA) zu erwähnen. Das Bundesministerium für Familie, Senioren, Frauen und Jugend (BMFSFJ) fördert die jugendpolitische Zusammenarbeit mit Entwicklungsländern im Bereich des Sports. Die Deutsche Sportjugend (DSJ) ist dabei das ausführende Organ der Maßnahmen. Auch haben verschiedene Bundesländer eigene Programme zur Förderung des Sports in Staaten der Dritten Welt aufgelegt. Dazu kommen noch regionale und fachliche Teilorganisationen des deutschen Sports (DLV, DFB u.a.) sowie verschiedene Stiftungen[74], auf die ich explizit im weiteren Verlauf meiner Arbeit nicht mehr eingehen werde.

Die durchgeführten Sportfördermaßnahmen der 90er Jahre sind ausschließlich der Technischen Zusammenarbeit (TZ) und auch der Personellen Zusammenarbeit (PZ) zuzuordnen. Primär handelt es sich hierbei um die Entsendung von Experten, die in den jeweiligen Empfängerländern einen Stamm von Fachkräften heranbilden sollen.[75]

3.2.1 Die Kulturpolitik des Auswärtigen Amtes (AA)

Die Auswärtige Kulturpolitik des Auswärtigen Amtes (AA) in den Jahren 1993 – 1996 steht im Zeichen veränderter Rahmenbedingungen. Durch das Ende des Ost-West-Konflikts ergibt sich aus der neuen Nachbarschaft des wiedervereinigten Deutschland mit den Ländern Mittel- und Osteuropas eine Vertiefung des europäischen Integrationsprozesses. Daneben ist die Auswärtige Kulturpolitik mit einer weiteren epochalen Herausforderung konfrontiert: der Globalisierung. Dies bedeutet neben wirtschaftlicher Entwicklung u.a. auch Aufeinandertreffen von verschiedensten Kulturen aus aller Welt. Um nun eine fruchtbare kulturelle Zusammenarbeit mit den anderen Ländern zu gewährleisten, ist der mit den Mitteln der Auswärtigen Kulturpolitik geführte Dialog der Kulturen notwendig. Dieser fördert Respekt für fremde Identitäten und solidarische Partnerschaft.[76]

Die Auswärtige Kulturpolitik ist somit ein wichtiges außenpolitisches Instrument, um Konfliktpotentiale frühzeitig zu erkennen und im vertrauensstiftenden interkulturellen Dialog Spannungen abzubauen.

Auswärtige Kulturpolitik ist dabei ein integraler und gleichberechtigter Bestandteil deutscher Außenpolitik, welche deren Zielen folgt und sie unterstützt. Zum Geflecht

---

[74] Vgl. Digel, Helmut; Fronhoff, Peter, a.a.O., S. 197.
[75] Vgl. BMI (Hrsg.): Achter Sportbericht der Bundesregierung, a.a.O., S. 119.
[76] Vgl. AA (Hrsg.): Auswärtige Kulturpolitik 1993–1996", Bonn 1997, S. 6.

Bilaterale Entwicklungszusammenarbeit im Sport der BRD mit der RSA

außenpolitischer Interessen gehört im Zeichen des sich verschärfenden Wettbewerbs auf den Weltmärkten und zur Sicherung des Standorts Deutschland in wachsendem Maße auch die Außenwirtschaft. Dabei ist das weltweite Ansehen Deutschlands als Kulturnation ein realer Faktor im internationalen Wettbewerb.[77]

3.2.2 Konzeption und Maßnahmen des Auswärtigen Amtes (AA) zur Förderung des Sports in Entwicklungsländern

Nachdem sich das BMZ in den 90er Jahren zum größten Teil aus der Sportförderung zurückgezogen hat, ist das Auswärtige Amt (AA) das einzig verbliebene Bundesressort, das Sportfördermaßnahmen noch nennenswert finanziell unterstützt.[78]
Seine Konzeption dabei spiegelt sich inhaltlich wieder in dem vorherigen Kapitel der Auswärtigen Kulturpolitik, da das AA nicht selbst als Träger von Sportmaßnahmen auftritt. Es bewilligt die zur Durchführung der Maßnahmen notwendigen Mittel. Administrativ und inhaltlich wird der Bereich der Sportförderung im Rahmen der Auswärtigen Kulturpolitik abgedeckt.[79] Dies ist ein wichtiger Bereich der kulturellen Zusammenarbeit mit sämtlichen Staaten der Erde.[80] Eine große Anzahl von Menschen in der Dritten Welt soll für den Sport gewonnen werden. Dabei ist es dem AA besonders wichtig, mit seinen Sportprojekten in der Dritten Welt gerade jene Menschen anzusprechen, die von anderer Kulturarbeit nicht erreicht werden.[81]
Das Auswärtige Amt fördert somit die Sportbeziehungen zu den Ländern der Dritten Welt, zu Osteuropa, der GUS, der Mongolei und der VR China mit jährlich 6-7 Mio. DM. Laut des Berichts vom AA wurde mit weit über 100 Sportprojekten in rund 70 Staaten der Dritten Welt seit 1971 ein wichtiger Beitrag zur Entwicklung sportlicher Strukturen und Organisationen und zur Vermittlung von Trainingsmethoden und praktischer Sportausübung geleistet.[82]
Wie bereits aus dem Inhalt des Kapitels 3.2.1 hervorgegangen ist, liegt die Bedeutung der Auswärtigen Kulturpolitik darin, das Ansehen der BRD im Ausland zu fördern.

---

[77] Ebd., S. 7.
[78] Vgl. Tolk, Thomas: „Der Stellenwert des Sports in den neueren Entwicklungshilfekonzepten Deutschlands", Bonn 1996, S. 123.
[79] Vgl. Tolk, Thomas, a.a.O., S. 123.
[80] Vgl. BMI (Hrsg.): „Sechster Sportbericht der Bundesregierung", Bonn 1986, S. 75.
[81] Ebd., S. 77.
[82] Vgl. AA (Hrsg.): „Auswärtige Kulturpolitik 1993-1996", a.a.O., S. 67.

Konzeptionen zur Sportförderung in der Dritten Welt

Daraus resultiert auch für den Bereich der Sportförderung ein Pragmatismus, der explizit im Sechsten Sportbericht der Bundesregierung nachzuvollziehen ist:

Das AA verwendet das Mittel der Sportförderung vorzugsweise da, wo andere Mittel der Auswärtigen Kulturpolitik nicht oder nicht ausreichend eingesetzt werden können. Menschliche Begegnungen zwischen deutschen Sportlern und Sportlern der Länder der Dritten Welt sind ebenso Ziel der Auswärtigen Kulturpolitik wie die Förderung des Sports im Entwicklungsland selbst. Dabei werden die Rolle des Breitensports und die Zusammenarbeit mit den Spitzenverbänden des Deutschen Sports besonders betont.

Die Maßnahmen des AA erreichen nur da den gewünschten Erfolg, wo sie einen sinnvollen Beitrag zur Entwicklung des jeweiligen Landes leisten. Wegen der großen Nachfrage ist es aber nicht möglich, sich auf wenige, langfristige geplante Großprojekte zu konzentrieren, wie es im Einzelfall wünschenswert erscheinen mag.[83]

Bei der Durchführung seines kulturpolitischen Auftrages bevorzugt das AA aufgrund der bisherigen Erfahrungen folgende Förderungsmaßnahmen, die ich an dieser Stelle wiedergebe[84]:

- mehrjährige Entsendung von Experten in ein Land der Dritten Welt (vorwiegend für die Sportarten Fußball und Leichtathletik).
- Drei- bis vierwöchige Kurse im Entwicklungsland, zugleich auch als Nachbetreuung für frühere Langzeitprojekte, in verschiedenen Sportarten.
- vierwöchige Lehrgänge des Deutschen Fußball-Bundes zur Schulung von Trainern aus der Dritten Welt.[85]

Das Maßnahmenspektrum des AA unterscheidet sich in formaler Hinsicht nur geringfügig von dem des Bundesministeriums für wirtschaftliche Zusammenarbeit (BMZ). Die Unterschiede liegen dabei vor allem im inhaltlichen Bereich.[86]
Die Entsendung von Experten – kurz- oder langfristig - ist darauf angelegt, einen Stamm von Fachkräften heranzubilden, die in der Lage sind, ihr erlerntes sportliches

---
[83] Vgl. BMI (Hrsg.): „Sechster Sportbericht der Bundesregierung", a.a.O., S. 76.
[84] Dieser Punkt hat keinen Anspruch auf Vollständigkeit.
[85] Vgl. BMI (Hrsg.): „Sechster Sportbericht der Bundesregierung", a.a.O., S. 76.

Bilaterale Entwicklungszusammenarbeit im Sport der BRD mit der RSA

und didaktisches Können an die eigenen Landsleute weiterzugeben. Deshalb wird auch im AA-Bereich vor der Entsendung eines Langzeitexperten über die deutsche Auslandsvertretung mit der ausländischen Regierung eine Vereinbarung getroffen, die neben den Arbeitsbedingungen des Experten auch die Benennung von „Counterparts"[87] vorsieht. Somit ist nach Beendigung der Arbeit des deutschen Fachmannes für eine Fortsetzung gesorgt.[88]
Bei der Durchführung seiner Projekte und Maßnahmen greift das AA zurück auf die Unterstützung des Nationalen Olympischen Komitees (NOK), der Deutschen Gesellschaft für Technische Zusammenarbeit (GTZ), des Deutschen Fußball Bundes (DFB), des Deutschen Leichtathletik–Verbandes (DLV), der Universität Leipzig sowie Sportgerätespenden über INTER NATIONS.[89]

3.2.3 Konzeptionen und Maßnahmen des Bundesministeriums für wirtschaftliche Zusammenarbeit und Entwicklung (BMZ)

Die inhaltliche Ausrichtung der Sportkonzeptionen für Projektdurchführungen in der Dritten Welt läßt sich aus den Sportberichten der Bundesregierung entnehmen. Darin erkennt man eine Evolution der eigenen entwicklungspolitischen Konzeption des BMZ für das Gebiet des Sports.
Unter Punkt 3.1 referiert das BMZ im Sechsten Sportbericht der Bundesregierung die Bedeutung für die Entwicklungshilfe. Darin heißt es, daß vom Sport aufgrund seines Inhalts in pädagogischer und sozialer Hinsicht Impulse auf den Entwicklungsprozeß in den Ländern der Dritten Welt ausgehen. Der Sport schafft es dabei, Kommunikationsprozesse zwischen ethnischen und sozialen Gruppen herbeizuführen, soziale Schranken abzubauen und auf diese Weise gemeinschaftsbildend zu wirken. Sporterziehung als Bestandteil des Bildungssystems kann zur Dynamisierung von entwicklungshemmenden Strukturen in den Entwicklungsländern beitragen. Daher fördert die

---

[86] Vgl. Digel, Helmut; Fronhoff, Peter, a.a.O., S. 201.
[87] Als „counterparts" werden einheimische Fachkräfte bezeichnet, die mit dem entsandten deutschen Entwicklungsexperten zusammenarbeiten und das Projekt weiterführen, wenn dessen Förderungslaufzeit beendet ist. Nach der entwicklungspolitischen Konzeption der BRD sollen einheimische „counterparts" garantieren, daß die Zielvorstellungen und Wünsche der Entwicklungsländer Inhalt und Art der Durchführung eines geförderten Projekts bestimmen. Sie sollen möglichst schnell die deutschen Fachkräfte ersetzen. Vgl. Nohlen, Dieter, a.a.O., S. 160.
[88] Vgl. BMI (Hrsg.): „Sechster Sportbericht der Bundesregierung", a.a.O., S. 77.
[89] Vgl. http://www.nok.de/komitee/entwicklungshilfe/110299.htm [Stand: 17.08.1999].

Konzeptionen zur Sportförderung in der Dritten Welt

Bundesregierung durch das BMZ neben der Auswärtigen Kulturpolitik Maßnahmen, die auf stärkere Verbreitung des Sports in den Entwicklungsländern zielen.[90] Vorrangig werden dabei die Zielbereiche des Schulsports und der sportwissenschaftlichen Institutionen in Entwicklungsländern gefördert.[91] Diese BMZ-Maßnahmen dienen dem Auf- und Ausbau von Strukturen, wobei von institutionellen Strukturen wie Ausbildungsstätten für Sportlehrer und sportwissenschaftlichen Instituten die Rede ist. Aber auch formale Strukturen wie Lehrpläne werden dabei von der Entwicklungszusammenarbeit mit dem BMZ abgedeckt.

Derartige strukturbildende Maßnahmen haben den Vorteil, daß sie an vorhandene Systeme des Entwicklungslandes anknüpfen. Sport ist dabei integraler Bestandteil des Erziehungs- und Bildungssystems, womit die Weiterführung der Projekte nach Beendigung der deutschen Förderung erleichtert wird. Die Anbindung an bestehende Systeme führt gleichzeitig zu einer hohen Multiplikatorwirkung der Maßnahmen und erleichtert deren Übertragung in andere Länder. Durch diese Projekte trägt das BMZ dazu bei, Defizite im Bereich Sport abzubauen und somit der Ungleichheit entgegenzuwirken, die sie auch dort im Nord-Süd-Gefälle zur Folge hatte.[92]

Ein weiterer Schwerpunkt der Fördermaßnahmen des Bundesministeriums für wirtschaftliche Zusammenarbeit liegt in der Hilfe für den Vereinssport, weil davon ausgegangen wird, daß sich Breitensport nur in Verbindung mit intakten Vereinsstrukturen entfalten kann.[93]

Die Sportförderung des Bundesministeriums für wirtschaftliche Zusammenarbeit und Entwicklung (BMZ) erfolgt im Rahmen der staatlichen bilateralen Technischen Zusammenarbeit (TZ). Es kann jedoch auch neben diesem Mittel die Finanzielle Zusammenarbeit (FZ) eingesetzt werden. Wie schon in Kapitel 3.2.3 für das AA beschrieben, ist das Hauptinstrumentarium für die Durchführung der Projekte des BMZ die Entsendung deutscher Experten und Berater.[94]

Über die Anträge der Entwicklungsländer auf Durchführung eines Projektes entscheidet der Bundesminister für wirtschaftliche Zusammenarbeit unter Beteiligung des Auswärtigen Amtes. Er legt dann die Konzeption und Finanzierung der durchzuführenden Projekte fest.

---

[90] Vgl. BMI (Hrsg.): „Sechster Sportbericht der Bundesregierung", a.a.O., S. 77.
[91] Vgl. hierzu Kapitel 3.1.1 meiner Arbeit, in dem der erwähnte Punkt bereits angesprochen wurde.
[92] Vgl. BMI (Hrsg.): „Sechster Sportbericht der Bundesregierung", a.a.O., S. 77.
[93] Vgl. Digel, Helmut; Fronhoff, Peter, a.a.O., S. 186.
[94] Ebd., S. 195.

Bilaterale Entwicklungszusammenarbeit im Sport der BRD mit der RSA

Das BMZ übertrug die Durchführung der verschiedenen Sportprojekte in der Dritten Welt bis 1990 der Deutschen Gesellschaft für Technische Zusammenarbeit (GTZ).[95] Seit Anfang der 90er Jahre zieht sich das BMZ jedoch mehr und mehr aus der Sportentwicklungshilfe zurück. Die Mittelbereitstellung, welche bis Ende der 80er noch bei über 3,5 Mio. DM jährlich gelegen hatte, reduziert sich nun von 1990-1995 um 80% auf jährlich 700.000 DM. Im Jahr 1995 sind die Aktivitäten des BMZ im Sportbereich auf die Förderung nur eines Langzeitprojektes sowie die Finanzierung von fünf integrierten Fachkräften zusammengeschrumpft.[96] Die Ursachen machen Digel/Fronhoff schon 1989 in ihrem Forschungsbericht des BMZ deutlich. Dort heißt es, daß „dem Bereich Sport innerhalb des Bundesministeriums für wirtschaftliche Zusammenarbeit und Entwicklung (BMZ) nur eine sehr geringe Bedeutung in der Entwicklungspolitik zugemessen wird, verglichen mit anderen Bereichen der Entwicklungszusammenarbeit"[97]. Dies bestätigt auch explizit sechs Jahre später der vorerst letzte veröffentlichte Sportbericht der Bundesregierung unter Punkt 9. „Sportförderung im Rahmen der Entwicklungspolitik":

Angesichts der Notlage vieler Entwicklungsländer, insbesondere der am wenigsten entwickelten Länder, müssen vorrangig Maßnahmen der Armutsbekämpfung, der Bildung, des Umweltschutzes, der ländlichen Entwicklung sowie der gesundheitlichen Basisversorgung unterstützt werden. Die Sportförderung spielt deshalb im Rahmen der Entwicklungszusammenarbeit nur eine untergeordnete Rolle.[98]

Dies beinhaltet aber nicht, daß sich das BMZ vollständig aus dem Sektor der Sportförderung in der Dritten Welt zurückgezogen hat. Ebenfalls im Achten Sportbericht heißt es, daß „die Bundesregierung nach Möglichkeit weiterhin in die vom BMZ geförderten Projekte Maßnahmen des gesundheitsorientierten Schul- und Breitensports einbeziehen wird"[99]. Die Bewilligung ist dann abhängig, wie bei allen anderen Pro-

---

[95] Zur Vollständigkeit sei hier noch angeführt, daß die Durchführung von Stipendien im Sportbereich für Angehörige aus Entwicklungsländern von der Deutschen Stiftung für internationale Entwicklung (DSE) durchgeführt wurde. Auch initiierte der Deutsche Entwicklungsdienst (DED) Sportprojekte mit den von ihm entsandten Entwicklungshelfern. Dabei war er für die inhaltliche Gestaltung und Steuerung der Personaleinsätze verantwortlich. Das Centrum für internationale Migration und Entwicklung (CIM) ist ebenfalls in der Sportförderung involviert. Es entscheidet über die Gewährung von Gehaltszuschüssen an integrierte Fachkräfte im Sportbereich. Damit waren solche gemeint, die einen Arbeitsvertrag mit einer Institution in einem Entwicklungsland schließen. Vgl. BMI (Hrsg.): „Sechster Sportbericht der Bundesregierung", a.a.O., S. 78.
[96] Vgl. Tolk, Thomas, a.a.O., S. 118.
[97] Digel, Helmut; Fronhoff, Peter, a.a.O., S. 188.
[98] BMI (Hrsg.): „Achter Sportbericht der Bundesregierung", Bonn 1995, S. 120.
[99] Ebd., S. 120.

Konzeptionen zur Sportförderung in der Dritten Welt

jektansätzen, von einem entsprechenden Wunsch eines Entwicklungslandes (Regierungsantrag), der Verfügbarkeit der benötigten Haushaltsmittel und der Anerkennung von einer entwicklungspolitischen Förderungswürdigkeit nach erfolgter Projektprüfung.
Im Rahmen der Technischen Zusammenarbeit überträgt das Bundesministerium für wirtschaftliche Zusammenarbeit und Entwicklung (BMZ) die Durchführung von Projekten der Deutschen Gesellschaft für Technische Zusammenarbeit (GTZ). Das Centrum für internationale Migration und Entwicklung (CIM), eine Arbeitsgemeinschaft der GTZ und der Bundesanstalt für Arbeit (BA), fördert zusätzlich über BMZ-Mittel integrierte Fachkräfte im Sportbereich. Diese integrierten Fachkräfte, die einen Vertrag mit einem Arbeitgeber in einem Entwicklungsland abschließen, werden bei Feststellung der entwicklungspolitischen Förderungswürdigkeit vom CIM vermittelt, bezuschußt und betreut.[100]
Für den Zeitraum 1998-1999 läßt sich aussagen, daß die Maßnahmen der Technischen Zusammenarbeit in der Dritten Welt im Bereich des Sports aus Mitteln des BMZ ausschließlich vom Centrum für internationale Migration und Entwicklung (CIM) ausgeführt werden. Belegbar ist dieser Umstand dadurch, daß die vier laufenden Langzeitprojekte der GTZ von 1998 aus dem Etat des Auswärtigen Amtes finanziert wurden.[101]

3.2.4 Der Interministerielle Ausschuß (IMA) für die Förderung des Sports in den Entwicklungsländern

Ab dem Jahr 1971 wird, wie bereits in Kapitel 3.1.1 angesprochen, ein „Interministerieller Ausschuß (IMA) für die Förderung des Sports in den Entwicklungsländern" eingerichtet, der bis zur Gegenwart existiert und die Projektdiskussion und Projektmittelverteilung leisten soll.[102]
Offiziell heißt es dazu im Sechsten Sportbericht der Bundesregierung:

Das Auswärtige Amt legt in seinem Zuständigkeitsbereich die außenpolitischen und finanziellen Rahmendaten für die Förderung fest. In diesem Rahmen wird der für die

---

[100] Vgl. BMI (Hrsg.): „Achter Sportbericht der Bundesregierung", a.a.O., S.120.
[101] Vgl. NOK für Deutschland / Deutscher Sportbund (Hrsg.): „Internationaler Newsletter des deutschen Sports", Frankfurt a. M., Ausgabe 1/99 (1999), S. 3.
[102] Vgl. Andresen, Rolf u.a. (Hrsg.), a.a.O., S. 12.

Bilaterale Entwicklungszusammenarbeit im Sport der BRD mit der RSA

Sportförderung in der Dritten Welt geschaffene Ausschuß tätig, in dem das Auswärtige Amt, der Bundesminister des Innern, der Bundesminister für wirtschaftliche Zusammenarbeit, der Deutsche Sportbund und das Nationale Olympische Komitee für Deutschland vertreten sind. In beratender Funktion nehmen Vertreter der Sportfachverbände, der Gesellschaft für Technische Zusammenarbeit (GTZ) und des Bundesverwaltungsamtes an den Sitzungen des Ausschusses teil. Im Ausschuß werden alle fachlichen Planungen und Einzelvorhaben erörtert und in Jahresprogrammen zusammengefaßt. Der Ausschuß beschließt einvernehmlich über die fachliche Durchführung der Projekte.[103]

In diesem Ausschuß wird über die Vergabe der Sportfördermittel des Auswärtigen Amtes entschieden. Jedoch äußert sich der Sportwissenschaftler Gerhard Trosien zur Arbeit des IMA kritisch. Nach seiner Auffassung sind die Spielräume, eine sinnvolle Sportförderung für Länder der Dritten Welt zu betreiben, äußerst eng. Dies hat verschiedene Ursachen wie „vorgesehene regionale Prioritäten" seitens des Auswärtigen Amtes sowie Kompetenzstreitigkeiten zwischen dem BMZ und den Maßnahmenentscheidungen des IMA. Hinzu kommt, daß das Bundesministerium für Jugend, Familie und Gesundheit (BMJFG)[104] in die Koordinationstätigkeit des IMA überhaupt nicht einbezogen ist.[105]

Auch von Seiten der deutschen Sportorganisationen NOK und DSB wird Kritik an der derzeitig praktizierten Vergabe von den Bundesmitteln für die Sportförderprogramme, die insbesondere durch den IMA bearbeitet werden, geübt. Aus der Sicht von NOK/DSB sei dies nicht mehr zeitgemäß und daher fordern sie ein neues und vor allem effektiveres Verfahren. Dies beinhaltet , daß das NOK für Deutschland die Projektanträge aus den jeweiligen zu fördernden Ländern eigenmächtig sammelt und koordiniert. Danach stimmen NOK, DSB und Deutsche Sportjugend (DSJ) die Anträge sowohl untereinander, als auch mit ihren Mitgliedsverbänden ab und reichen sie unter sportfachlicher Bewertung zwecks bilateraler Entscheidung an die zuständigen Regierungsstellen weiter. Für die Umsetzung der auszuführenden Projekte sind dann auch NOK, DSB oder die DSJ verantwortlich.[106]

---

[103] BMI (Hrsg.): „Sechster Sportbericht der Bundesregierung", a.a.O., S. 76.
[104] Dieses Ministerium heißt 1999 Bundesministerium für Familie, Senioren, Frauen und Jugend (BMFSFJ).
[105] Vgl. Trosien, Gerhard: „Sportorganisationen und Dritte Welt", 1. Auflage Sankt Augustin, 1987, S. 121.
[106] Vgl. NOK für Deutschland / DSB (Hrsg.): „Gemeinsame Richtlinien des Sports für die internationale Entwicklungszusammenarbeit", Frankfurt a. M. 1997, S. 13.

Konzeptionen zur Sportförderung in der Dritten Welt

Somit könnten aus der Sicht der deutschen Sportorganisationen sämtliche sportbezogene Entwicklungsmaßnahmen besser koordiniert und die Beteiligung von Partnern an interaktiver Zusammenarbeit gefördert werden. Das NOK postuliert, daß nur auf der Grundlage einer miteinander abgestimmten Gesamtkonzeption der deutschen internationalen Sportpolitik Entwicklungsaktivitäten für Länder der Dritten Welt und junge Nationen kohärent und systematisch durchgeführt werden können.[107]

3.3 Die Durchführungsebene bundesdeutscher Sportförderung in Ländern der Dritten Welt

Was die Durchführungsebene der bundesdeutschen Sportförderung in Ländern der Dritten Welt betrifft, ist sie mehrfach gesplittet. Da ist zunächst die Deutsche Gesellschaft für Technische Zusammenarbeit (GTZ), die über ihren Fachbereich Sport seit Anfang der 70er Jahre sämtliche Langzeitprojekte des BMZ und des AA durchgeführt hat. Das BMZ bediente sich bei der Projektdurchführung bis in die 90er Jahre ausschließlich der GTZ, die für die Ausführung von bilateraler technischer Zusammenarbeit eigens vom Bundesministerium gegründet wurde. Auch führte die GTZ bzw. ihre Vorläuferorganisationen seit 1962 alle Langzeitmaßnahmen des AA durch. Das Auswärtige Amt bedient sich seit 1986 neben der GTZ auch der Unterstützung durch das Nationale Olympische Komitee (NOK), welches zu Beginn ihrer internationalen Tätigkeit drei Trainer-Langzeitprojekte in Eigenregie durchführte.

Da das AA seine Mittel nicht im Wege der öffentlichen Aufträge, sondern nach dem Zuwendungsverfahren vergibt, hat es die Option, jeden anderen Träger, der die erforderlichen Voraussetzungen erfüllt, einzuschalten. Dies sind dann nicht nur der Deutsche Sportbund (DSB) und das NOK, sondern auch Spitzenfachverbände, Landesfachverbände, sonstige Verbände, Vereine und Einzelpersonen.[108]

Seit der deutsch-deutschen Wiedervereinigung von 1990 ist die Fakultät der Sportwissenschaft der Universität Leipzig auf der Durchführungsebene hinzugekommen. Dies soll u.a. ein innerdeutsches Zeichen zugunsten des Sports in den neuen Bundesländern setzen.[109]

---

[107] Vgl. NOK für Deutschland / DSB (Hrsg.): „Gemeinsame Richtlinien des deutschen Sports für die Entwicklungszusammenarbeit", a.a.O., S. 14.
[108] Vgl. Digel, Helmut; Fronhoff, Peter, a.a.O., S. 179.
[109] Vgl. BMI (Hrsg.): „Achter Sportbericht der Bundesregierung", a.a.O., S. 119.

Bilaterale Entwicklungszusammenarbeit im Sport der BRD mit der RSA

Eine graphische Aufschlüsselung der Zusammenhänge von bundesdeutscher internationaler Sportförderung gibt die Abbildung auf der nächsten Seite.

Konzeptionen zur Sportförderung in der Dritten Welt

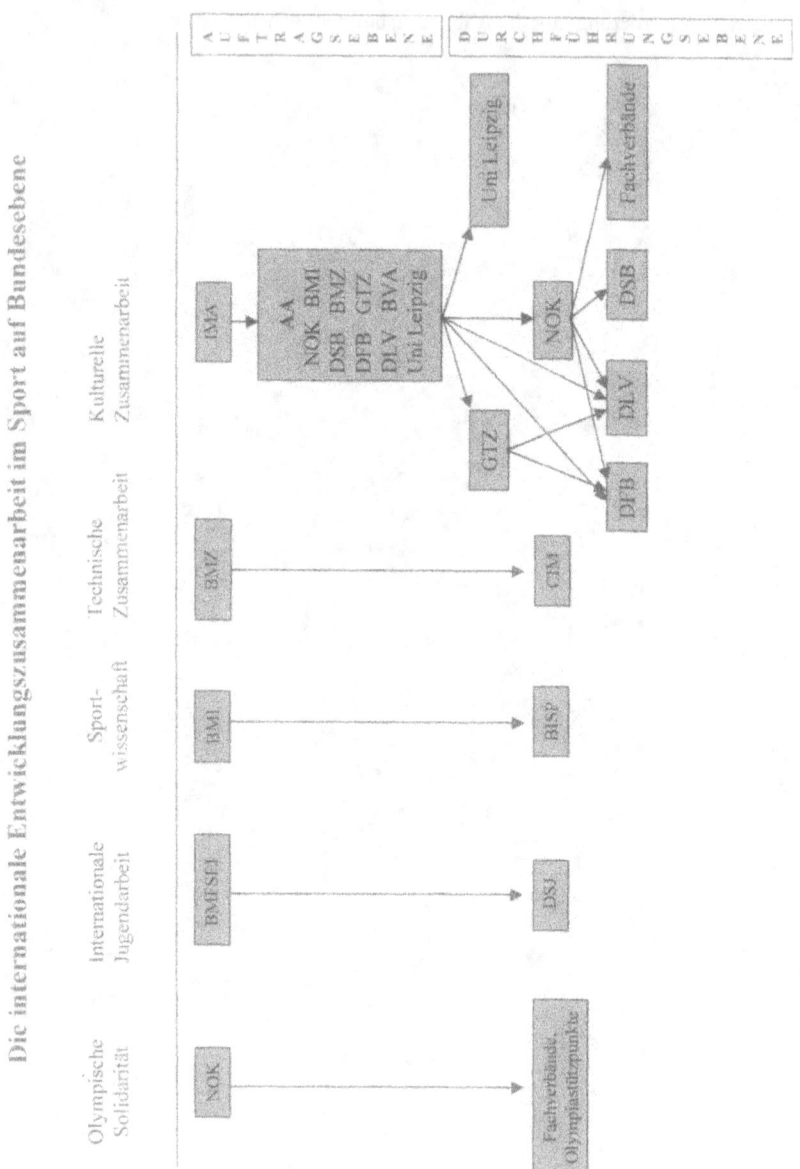

Abb. 1: Internes Arbeitsschema des NOK für Deutschland

Bilaterale Entwicklungszusammenarbeit im Sport der BRD mit der RSA

3.3.1 Konzeptionen und Maßnahmen der Deutschen Gesellschaft für Technische Zusammenarbeit (GTZ)

Die Deutsche Gesellschaft für Technische Zusammenarbeit (GTZ) GmbH ist ein bundeseigenes, privatrechtlich organisiertes Unternehmen, das Maßnahmen und Projekte im Rahmen der Entwicklungspolitik ausführt. Dieser Umstand ermöglicht ihr auch sogenannte Drittgeschäfte. Die GTZ arbeitet selbständig als Wirtschaftsunternehmen und ist somit voll verantwortlich für die von ihr übernommenen Aufträge.[110] In drei Hauptabteilungen mit insgesamt 15 Unterabteilungen werden die GTZ-Projekte fachlich bearbeitet, wobei das sektorale Spektrum von den verschiedensten Fachgebieten, angefangen bei der Landwirtschaft, über Gesundheit bis hin zu Transport- und Bauwesen reicht.[111] Die Quantität der ausgeführten Projekte dabei ist erheblich. Im Jahr 1998 führte die GTZ insgesamt 2.737 Entwicklungshilfeprojekte in 130 Partnerländern durch.[112]

Der Sport gehört dabei zur Abteilung „Allgemeine Bildung, Wissenschaft und Sport". Ausgehend von einer umfassenden Sicht des Sports will die GTZ im Rahmen der ihr übertragenen Projekte Beiträge zum Aufbau von Sportstrukturen in Entwicklungsländern leisten. Damit soll geholfen werden, sportliche Aktivitäten in breiten Schichten der Bevölkerung zu entfalten und den Anschluß an die internationalen Bemühungen um die Leibeserziehung zu gewinnen.

Dabei werden die Maßnahmen der Sportförderung in engem Zusammenwirken mit Instituten für Sport und Sportwissenschaft der deutschen Hochschulen sowie mit den Fachverbänden[113] des Deutschen Sportbundes (DSB) durchgeführt. Die GTZ sieht dazu ihre besonderen Beiträge in folgenden Bereichen:

- Beratung von Erziehungs- und Sportministerien bei der Umsetzung von Bildungsreformen auf dem Schulsportsektor.

---

[110] Unter dem Drittgeschäft versteht man, daß die GTZ mit Zustimmung der Bundesregierung im Auftrag von Entwicklungsländern gegen Entgeld tätig werden oder Aufträge von anderen deutschen oder ausländischen Stellen übernehmen kann. Vgl. Küper" , Wolfgang: „Sportförderung in Ländern der Dritten Welt und Entwicklungsförderung durch Sport, In: GTZ (Hrsg.): „Sportförderung in der Dritten Welt", Eschborn 1985, S. 21.
[111] Vgl. Andresen, Rolf (Red.): Akademiegespräch „Entwicklungshilfe im Sport", DSB (Hrsg.), Berlin 1981, S. 30.
[112] Vgl.: http://www.gtz.de/zahlen/html, [Stand: 23.08.99].
[113] Hiermit gemeint sind der Deutsche Leichtathletik Verband (DLV) und der Deutsche Fußball Bund (DFB).

Konzeptionen zur Sportförderung in der Dritten Welt

- Aufbau von zentralen Ausbildungs- und Forschungsinstitutionen für den Schul- und Breitensport.
- Beratung bei der Organisation und Schulung von Sportfachkräften für den Verbandssport.[114]

Die Durchführung der Projekte wird zum einen innerhalb der Auswärtigen Kulturpolitik im Auftrag des Auswärtigen Amtes (AA) finanziert. Dennoch gilt auch hier als wesentlicher Grundsatz der GTZ die Priorität langfristigen Strukturaufbaus im Verbandssport inklusive seiner organisatorischen, administrativen und gesetzmäßigen Grundlegung. Die Erringung kurzfristiger Erfolge mit der Nationalmannschaft genießt dabei keinen Vorrang. Der inhaltliche Schwerpunkt dieser Ausrichtung ruht dabei in der Ausbildung von Multiplikatoren in fachlicher und organisatorischer Hinsicht.

Was zum anderen die Auftragsebene von Seiten des Bundesministeriums für wirtschaftliche Zusammenarbeit (BMZ) im Bereich der bilateralen Technischen Zusammenarbeit betrifft, wird hier nach den vereinbarten entwicklungspolitischen Grundsätzen vorgegangen.[115]

Nach dem fast vollständigen Ausstieg des BMZ bis Mitte der 90er Jahre aus dem Bereich der Sportförderung werden nun alle Projekte der GTZ aus dem Fond des Auswärtigen Amtes (AA) finanziert.[116] Hinsichtlich des Antragsverfahrens, der Konzeption, der Dauer und der Inhalte unterscheidet sich die Durchführung der Vorhaben nur noch geringfügig von denen des Nationalen Olympischen Komitees (NOK) für Deutschland, die gleichermaßen aus dem Budget der Auswärtigen Kulturpolitik gefördert werden.[117]

Das Auswärtige Amt (AA) stellt für das Jahr 1999 der GTZ 1,7 Millionen DM für diverse Sportprojekte in und mit Ländern der Dritten Welt zur Verfügung. Davon führt sie ausschließlich Langzeitmaßnahmen (3-4 Jahre) in Kenia, Senegal, Malawi, den Philippinen (Fußball) und Uganda sowie Chile und Namibia (Leichtathletik) durch.[118] Der Schwerpunkt der Sportarten liegt hierbei, wie auch bei Maßnahmen des NOK, in der Leichtathletik und vor allem im Fußballsport.

---

[114] Vgl. Küper, Wolfgang, a.a.O., In: GTZ (Hrsg.): „Sportförderung in der Dritten Welt", Eschborn 1985, S. 23 f.
[115] Ebd., S. 25.
[116] Vgl. NOK für Deutschland / DSB (Hrsg.): „Internationale Newsletter des deutschen Sports", a.a.O., S. 3.
[117] Vgl. Tolk, Thomas, a.a.O., S. 130.
[118] Vgl. NOK für Deutschland / DSB (Hrsg.): „Internationaler Newsletter des deutschen Sports", a.a.O., S. 3.

Bilaterale Entwicklungszusammenarbeit im Sport der BRD mit der RSA

3.3.1.1 Konzeptionen und Maßnahmen des Centrum für internationale Migration und Entwicklung (CIM)

Das Centrum für internationale Migration und Entwicklung (CIM) ist eine Arbeitsgemeinschaft der Deutschen Gesellschaft für Technische Zusammenarbeit (GTZ) und der Bundesanstalt für Arbeit (BA) mit Sitz in Frankfurt am Main. Seit 1980 bündelt der Zusammenschluß beider Organisationen entwicklungs- und arbeitsmarktpolitische Kenntnisse.

Konzeptionell führt CIM das Programm „Integrierte Fachkräfte" durch. Dies bedeutet, daß Fachkräfte im Rahmen deutscher Entwicklungszusammenarbeit nach Afrika, Asien, Lateinamerika und seit 1990 auch nach Mittel- und Osteuropa über CIM vermittelt werden. Dabei ist die Zielvorstellung, den vorübergehenden Mangel an qualifizierten Fachkräften in diesen Ländern zu überbrücken und Institutionen langfristig zur selbständigen Wahrnehmung ihrer Aufgaben zu befähigen.

Die Finanzierung der Maßnahmen des CIM kommt insbesondere vom Bundesministerium für wirtschaftliche Zusammenarbeit (BMZ). Zur Zeit sind mehr als 700 „Integrierte Fachkräfte" weltweit in über 80 Ländern tätig, davon rund 40 % in Afrika. Diese arbeiten überwiegend im Bildungsbereich, vor allem in der beruflichen Aus- und Fortbildung.[119]

In der Sportförderung sind nur relativ wenige „Integrierte Fachkräfte" tätig. Mit insgesamt fünf Sportberatern bzw. Fußballtrainern (Stand: 31.07.1999) ist CIM in Jordanien, Mosambik, Namibia, Südafrika und in Vietnam vertreten.

Die inhaltliche Konzeption des CIM zur Sportförderung in der Dritten Welt gebe ich an dieser Stelle anhand eines Auszuges einer (nicht-veröffentlichten) Pressemitteilung von 1998 wieder. Darin heißt es, daß sich die Sportberater vor allem um die Förderung des Breitensports, der in diesen Ländern auch entwicklungspolitisch besonders wichtig ist, kümmern. Die Hilfe im Breitensport dient der Gesundheitsförderung und der sozialen Integration.

Aber auch Fördermaßnahmen im Leistungssport werden, wie im Falle einer Nationalmannschaft, von „Integrierten Fachkräften" übernommen. Dies begründet Frank Gschwender, Afrika-Verantwortlicher des CIM-Programms, sachlich mit der Vorbild-Funktion der Spitzensportler für die Jugend.

Konzeptionen zur Sportförderung in der Dritten Welt

Die „Integrierte Fachkraft" des CIM, Peter Überjahn, der seit 1997 als Sportberater am namibischen Ministerium für Jugend und Sport angestellt ist, trainiert in Namibia nicht nur die Fußball-Nationalmannschaft. Er ist auch für den Aufbau von Vereinen und Organisationen im Jugendsportbereich sowie für die Nachwuchsförderung auf regionaler und nationaler Ebene zuständig. Ziel und Inhalt dieser durchgeführten Maßnahmen ist neben der sportlichen Aufbauarbeit Prävention gegen zunehmende Arbeitslosigkeit, Kriminalität, Drogen und Gewalt.

Ein weiteres Aufgabenfeld ist die Ausbildung und Beratung von Sportlehrern, Trainern und Jugendleitern.[120]

3.3.2 Konzeptionen und Maßnahmen des Deutschen Sportbundes (DSB) und des Nationalen Olympischen Komitees (NOK) für Deutschland

Bei der Umsetzung und Durchführung von Sportförderungsprojekten in Ländern der Dritten Welt im Auftrag der Bundesregierung arbeiten der Deutsche Sportbund (DSB) und das Nationale Olympische Komitee (NOK) eng miteinander zusammen. Sie treten dabei als Träger und Koordinator von sportfachlichen Maßnahmen in Erscheinung.[121] NOK und DSB/DSJ verstehen sich in der Abwicklung verschiedenster Maßnahmen als sportpolitische und die ihnen angehörigen Bundesfachverbände[122] (DFB u.a.) als sportliche Mandatsträger.

Für den Deutschen Sportbund gehört es zu den satzungsmäßigen Aufgaben, Sport in überverbandlichen Angelegenheiten auch auf internationaler Ebene zu vertreten und damit zusammenhängende Fragen zum Wohlsein der Mitgliedsorganisationen zu regeln. Das NOK dient der Verbreitung des olympischen Ideengutes in all seinen Erscheinungsformen.

Die inhaltliche Konzeption von NOK / DSB in der internationalen Sportförderung zielt darauf ab, den Partnern eine Hilfe zur Selbsthilfe zu gewährleisten. Dies bein-

---

[119] Vgl.: http://www.cimffm.de/cim/agcim.html, [Stand: 20.08.1999].
[120] Vgl. Centrum für internationale Migration und Entwicklung (CIM): Informationsbrief vom 16.08.1999, siehe Anhang I.
[121] Vgl. Digel, Helmut; Fronhoff, Peter, a.a.O., S. 207.
[122] Die Kooperation von NOK/DSB mit den Bundesfachverbänden hat sich in den letzten Jahrzehnten bewährt und soll auch weiterhin so durchgeführt werden. Vgl. NOK für Deutschland / DSB (Hrsg.): „ Gemeinsame Richtlinien des deutschen Sports für die internationale Entwicklungshilfe", a.a.O., S. 11.

Bilaterale Entwicklungszusammenarbeit im Sport der BRD mit der RSA

haltet eine Annäherung hin zum Ideal der Chancengleichheit auf dem Gebiet des Sports. Bei der Etablierung moderner Sportstrukturen geht es vorrangig um die Kooperation mit den Entwicklungsländern.[123]

Besondere Aufmerksamkeit erhält dabei der Breitensport aus seiner sozialpolitischen Funktion sowie der Kinder- und Jugendsport. Die Prinzipien wirtschaftlichen Einsatzes, gegenseitigen Nutzens und weitflächiger positiver Folgen sind dabei für breiten- und leistungssportliche Ansätze zugrundezulegen. Gleichzeitig ist für die Aufnahme der Entwicklungszusammenarbeit die Deckung der Grundbedürfnisse in der anvisierten Zielgruppe und die Beachtung der Menschenrechte von elementarer Voraussetzung und Bedeutung.

Das verfolgte Ziel des deutschen Sports in der internationale Förderung ist der Auf- und Ausbau moderner und selbständiger Sportsysteme in den Partnerländern. Dies geschieht auf der Basis des Einvernehmens mit dem jeweiligen Land und unter Berücksichtigung der dortigen ökonomischen und sozialen Bedingungen anhand von zuvor gemeinsam erarbeiteten und speziell auf diesen Staat zugeschnitten strukturbildenden Maßnahmen. Der Strukturaufbau reicht dabei vom Freizeit- bis hin zum Leistungssport. Somit soll über Bewegung und Sport die Lebensqualität der in den jeweiligen Gesellschaften lebenden Menschen verbessert werden.[124]

Ein weiteres angestrebtes Ziel der internationalen Sportförderung ist die Integration des Sports in das nationale Erziehungssystem des Partnerlandes, dem wesentliche Funktionen im Hinblick auf den angestrebten Modernisierungsprozeß zukommen.[125]

Die Fördermaßnahmen, die für jedes Land spezifisch sind, orientieren sich an den bestehenden Sportstrukturen. Für die Umsetzung der Ziele werden Langzeit- und Kurzzeitexperten in die Partnerländer entsandt. Die Anforderungen, die an die deutschen Experten gestellt werden, sind neben sportspezifischer Fachkompetenz pädagogische und kommunikative Fähigkeiten sowie die Fertigkeit, bewährte Sportstrukturen auf die jeweiligen Verhältnisse vor Ort anzupassen. Dabei zielt die Arbeit in erster Linie

---

[123] Explizit wird auch auf die nachweislichen Erfolge in der bisherigen Entwicklungs-zusammenarbeit auf dem Gebiet des Sports hingewiesen. Daraus resultiert die Überzeugung, daß sich die bisherige Entwicklungszusammenarbeit bewährt hat und kontinuierlich weiterzuentwickeln ist. Vgl. NOK für Deutschland / DSB (Hrsg.): „Gemeinsame Richtlinien des deutschen Sports für die internationale Entwicklungszusammenarbeit", a.a.O., S. 4.
[124] Ebd., S. 6.
[125] Vgl. NOK für Deutschland / DSB (Hrsg.): „Gemeinsame Richtlinien des deutschen Sports für die internationale Entwicklungszusammenarbeit", a.a.O., S. 7.

Konzeptionen zur Sportförderung in der Dritten Welt

auf die Ausbildung sogenannter Multiplikatoren für sportartspezifische wie auch interdisziplinäre Aufgaben[126].

Ein Langzeitprojekt dauert in der Regel drei bis vier Jahre und verfolgt die Ziele, die zuvor mit den Partnerländern abgestimmt wurden. Damit nun eine Weiterführung der eingeleiteten Veränderungen nach Projektende durch das Partnerland gewährleistet ist, wird die Zielsetzung in einem Notenwechsel zwischen den zuständigen Ministerien der beiden Regierungen festgeschrieben. Der daraus entstehende Aufgabenkatalog geht dann an den zuständigen deutschen Langzeitexperten innerhalb des jeweiligen Projektes. Im Rahmen dieser Vereinbarungen liegt die Fortführung der Arbeit dann in den Händen von Counterparts.[127]

Bei Kurzzeitprojekten, die in der Regel über drei bis vier Wochen gehen, führen die Experten u.a. Fortbildungen von Übungsleitern und Trainern durch. Diese Kurzzeitmaßnahmen sollen zukünftig jedoch verstärkt als Vorab-, Begleit- und Nachbetreuungsmaßnahmen zu den Langzeitprojekten eingesetzt werden. Somit läßt sich eine intensive Analyse und objektive Evaluierung der Projektarbeit erreichen.[128]

Wie aus dem Aufsatz der gemeinsamen Richtlinien des deutschen Sports von 1997 bereits hervorgegangen ist, liegt die administrative Koordination für alle Projekte der internationalen Entwicklungszusammenarbeit grundsätzlich beim Nationalen Olympischen Komitee für Deutschland.[129]

Für Maßnahmen der internationalen Sportförderung steht dem NOK 1999 ein Etat von ca. 1.740.000 DM zur Verfügung, welchen das Auswärtige Amt (AA) über die Auswärtige Kulturpolitik zur Verfügung stellt. Das Nationale Olympische Komitee wurde seitens des AA 1999 mit der Durch- bzw. Fortführung von sechs Langzeitprojekten beauftragt. Dabei handelt es sich, ähnlich der GTZ, um vier Fußballprojekte in Malaysia, Kambodscha, Südafrika und Botswana sowie um zwei Leichtathletikprojekte im Libanon und in Thailand.[130]

---

[126] Unter interdisziplinären Aufgaben versteht man z. B. den Bereich der Sportverwaltung, öffentliche Kampagnen oder sozial-integrative Jugend- und Erwachsenenarbeit mit Mitteln des Sports. Vgl. NOK für Deutschland / DSB (Hrsg.): „Gemeinsame Richtlinien des deutschen Sports für die internationale Entwicklungszusammenarbeit", a.a.O., S. 9.
[127] Ebd., S. 9 f.
[128] Ebd., S. 10 f.
[129] Vgl. NOK für Deutschland / DSB (Hrsg.): „Gemeinsame Richtlinien des deutschen Sports für die internationale Entwicklungszusammenarbeit", a.a.O., S. 11.
[130] Vgl. NOK für Deutschland / DSB (Hrsg.): „Internationaler Newsletter des deutschen Sports", a.a.O., S. 3.

Bilaterale Entwicklungszusammenarbeit im Sport der BRD mit der RSA

Zusammen mit den jeweiligen deutschen Spitzenverbänden wird das NOK für 1999 voraussichtlich in 24 Ländern der gesamten Erde Kurzzeitprojekte durchführen.[131] In den 90er Jahren konnte das NOK für Deutschland grundsätzlich seine Stellung als eine der wichtigsten deutschen Durchführungsorganisation in der internationalen Sportförderung neben der GTZ wahren.[132] Daran wird sich auch voraussichtlich in den nächsten Jahren nicht allzuviel ändern.

Aufgrund der Aufgabenteilung und der engen Zusammenarbeit zwischen DSB und NOK betreut der Deutsche Sportbund (DSB) keine Kurz- oder Langzeitmaßnahmen mehr in der Dritten Welt. In den Jahren zwischen 1990 und 1995 war der DSB nur in geringem Umfang in der Projektarbeit in Entwicklungsländern tätig. Die vom DSB durchgeführte Langzeitprojekte liefen Ende der 80er Jahre aus.[133]

Für das Jahr 2000 ist der Deutsche Sport Bund Gastgeber des 3. ENGSO-Forums. Die European Non-Governmental Sports Organisation (ENGSO) ist der Zusammenschluß von Nationalen Sportfachverbänden aus z.Z. 40 europäischen Ländern. Dabei nimmt sich ENGSO der übergreifenden sportpolitischen Interessen seiner Mitgliedsverbände auf europäischer Ebene an.[134]

3.3.3 Weitere deutsche Sportorganisationen und Institutionen der internationalen Entwicklungszusammenarbeit im Sport

Neben der GTZ mit CIM, dem NOK und dem DSB gibt es noch weitere Sportorganisationen und Institutionen, die Maßnahmen der internationalen Sportförderung im Auftrag des Auswärtigen Amtes durchführen.

Damit gemeint sind neben der Universität Leipzig die Fachverbände des Sports, die im Rahmen ihrer Autonomie für internationale und auswärtige Beziehungen als Träger sportfachlicher Maßnahmen in Ländern der Dritten Welt in Erscheinung treten, wobei deren Koordination von DSB und NOK übernommen wird.[135]

Für Trainerlehrgänge in der Bundesrepublik Deutschland mit Sportlehrern der Dritten Welt werden dem Deutschen Fußball-Bund (DFB) und dem Deutschen Leichtathletik-Verband (DLV) vom Auswärtigen Amt (AA) Gelder zur Verfügung gestellt.

---

[131] Zuzüglich der Finanzierung über das AA übernimmt das NOK 1999 für Projekte der internationalen Entwicklungszusammenarbeit auch Eigenmittel in Höhe von 170.000 DM. Vgl. NOK für Deutschland / DSB (Hrsg.): „Internationaler Newsletter des deutschen Sports", a.a.O., S. 4.
[132] Vgl. Tolk, Thomas, a.a.O., S. 139.
[133] Ebd., S. 133.
[134] Vgl. NOK für Deutschland / DSB (Hrsg.): „Internationaler Newsletter des deutschen Sports", a.a.O., S. 4.
[135] Vgl. Digel, Helmut; Fronhoff, Peter, a.a.O., S. 213.

Konzeptionen zur Sportförderung in der Dritten Welt

Der Etat für das Jahr 1999 beträgt beim DFB 270.000 DM, welcher für 1-monatige Fortbildungslehrgänge mit ausländischen Fußballtrainern in der Sportschule Hennef genutzt wird.[136] In diesem Zusammenhang findet vom 30. August bis zum 24 September 1999 der „internationale Schulungslehrgang für Trainer aus dem französischsprechendem Afrika, basierend auf der A-Lizenz des DFB" in Hennef bei Bonn statt. Die Leitung des Kurses liegt in der Hand des DFB-Sportlehrers Erich Rutemöller. Insgesamt nehmen 30 Fußballtrainer aus verschiedenen Ländern wie Kamerun, Burkina Faso, Tunesien oder Madagaskar an diesem Lehrgang teil, der mit Prüfungen am Ende der Laufzeit abgeschlossen wird.[137]

Neben der Trainerausbildung in Hennef werden auch DFB-Spezialisten im Auftrag des NOK für Deutschland, der GTZ und des CIM innerhalb von Langzeitprojekten und auch Kurzzeitprojekten in die jeweiligen Länder der Dritten Welt entsandt[138].

Der Deutsche Leichtathletik-Verband (DLV) organisiert mit einem Jahresetat (1999) von 350.000 DM 2-semestrige Studienkurse für ausländische Leichtathletiktrainer in Mainz.[139] Seit 1970 führt der DLV Sportfördermaßnahmen in Entwicklungsländern und seit 1978 auch Maßnahmen der kulturellen Zusammenarbeit in der Bundesrepublik Deutschland durch. Die 2-semestrigen Studienkurse wurden im Jahr 1978 in Zusammenarbeit mit der Johannes Gutenberg-Universität Mainz begonnen und bis heute fortgeführt. 10 bis 16 Teilnehmer besuchen im Normalfall diese Kurse, wobei in dem Zeitraum von 1990 bis 1995 sieben Studienkurse mit insgesamt 80 Teilnehmern in Mainz stattgefunden haben.[140]

Neben all den bereits erwähnten Trägern und Organisationen leistet auch die Universität Leipzig einen Beitrag zur Sportförderung in der Dritten Welt. Dieser besteht in Aus- und Fortbildungsprogrammen für Trainer aus Entwicklungsländern an der ehemaligen Deutschen Hochschule für Körperkultur (DHfK), wobei das Auswärtige Amt (AA) nach der Wiedervereinigung die gesamte Finanzierung übernommen hat. Seit 1991 stellt das AA der Fakultät Sportwissenschaft der Universität Leipzig jährlich ca. 1,5 Mio. DM für diese Kurse zur Verfügung. Dabei handelt es sich um zwei pro Jahr

---

[136] Vgl. NOK für Deutschland / DSB (Hrsg.): „Internationaler Newsletter des deutschen Sports", a.a.O., S. 3.
[137] Vgl. DFB (Hrsg.): „Le stage de formation internationale, basé sur la „licence A", pour entraîneurs d´Afrique francophone", Frankfurt a. M. 1999, S. 1f.
[138] Diese Projekte sind bereits bei den jeweiligen Unterkapiteln der Organisationen GTZ, NOK und CIM aufgeführt worden. Vgl. dazu Kapitel 3.3.1; 3.3.1.1 und 3.3.2 meiner Arbeit.
[139] Vgl. NOK für Deutschland / DSB (Hrsg.): „Internationaler Newsletter des deutschen Sports", a.a.O., S. 3.
[140] Vgl. Tolk, Thomas, a.a.O., S. 146.

stattfindende Trainerkurse von je fünf Monaten, in denen etwa 120 Trainer aus der Dritten Welt in neun Sportarten ausgebildet werden.[141]

3.3.4 Konzeptionen und Maßnahmen der Deutschen Sportjugend (DSJ)

Die Deutsche Sportjugend (DSJ) ist die Jugendorganisation des Deutschen Sportbundes (DSB).[142] Als Dachorganisation des Jugendsports ist sie seit den 50er Jahren auch in der sportbezogenen Projektarbeit in Entwicklungsländern tätig.[143] Sport ist dabei einerseits das Medium und andererseits das Ziel der internationalen Kontakte verbandlicher Jugendarbeit zu ausländischen Partnern.

Was die Bewilligung von Geldern in der internationalen Sportförderung betrifft, unterscheidet sich die DSJ von allen anderen bereits erwähnten Trägern und Organisationen. Im Gegensatz zu ihnen läuft die finanzielle Unterstützung der Deutschen Sportjugend (DSJ) nicht über das Auswärtige Amt (AA) bzw. das Bundesministerium für wirtschaftliche Zusammenarbeit (BMZ), sondern wird bezogen vom Bundesministerium für Familie, Senioren, Frauen und Jugend (BMFFJ).[144]

Die inhaltliche Konzeption läßt sich zusammenfassen als Beitrag zur Völkerverständigung, zur Friedensarbeit und zur sportlichen Jugendarbeit. Die Situation des Sports dient hierbei als gegenseitiges Kennenlernen, insbesondere als Erfahrung des Jugendsports in der BRD sowie im Partnerland im Hinblick auf Entwicklungsstand und Formen der nationalen Sportkulturen. Dabei soll hinterfragt werden, inwieweit die verschiedenen Arten des Sports und ihre soziokulturellen Hintergründe als Medium der internationalen Begegnung geeignet sind.

Was die Auswahl der Partnerländer betrifft, hängt dies mit der Umsetzungsmöglichkeit der zuvor erläuterten inhaltlichen Konzeption zusammen. Daher müssen Kriterien erfüllt sein, die sich z. B. in der Vielfalt politischer, gesellschaftlicher und wirtschaftlicher Systeme widerspiegeln. Es geht aber auch um Kontakte zu Ländern, zu denen die Bundesrepublik Deutschland bzw. die DSJ in besonderen historischen, politischen, kulturellen oder sportlichen Beziehungen steht.[145]

---

[141] Vgl. BMI (Hrsg.): „Achter Sportbericht der Bundesregierung", a.a.O., S. 119.
[142] Vgl. DSJ (Hrsg.): „Konzeption für die Internationale Arbeit", Faltblatt, Frankfurt a. M., Neuauflage 1997.
[143] Vgl. Tolk, Thomas, a.a.O., S. 143.
[144] Vgl. http://www.dsj.de.htm, [Stand 27.08.1999]
[145] Vgl. DSJ (Hrsg.): „Konzeption für die Internationale Arbeit", Faltblatt, Frankfurt a. M, 1997.

Konzeptionen zur Sportförderung in der Dritten Welt

Die Deutsche Sportjugend (DSJ) ist in diesem Jahr (1999) mit Projekten der internationalen Sportförderung in Uganda, Namibia und Indien vertreten:
Das Modellprojekt in Uganda, welches sich auf die Hauptstadt Kampala bezieht, läuft bereits seit 1989. Die Konzeption umfaßt sozialpolitisch orientierte Hilfe für Straßenkinder. Durch die Vermittlung von Sportangeboten sollen bei der Ausübung von Sportarten menschliche Werte wie Kommunikationsfähigkeit, Koorperationsbereitschaft und gegenseitige Anerkennung gefördert werden.[146]
Das Uganda-Projekt der DSJ wurde im Zwischenbericht nach einem „Drei-Wege-Konzept" aufgebaut:

1. Weg   Sport als Sozial- und Erziehungsfaktor durch umfassende Betreuung und Beratung der Kinder in slum-areas mit ehrenamtlichen Helfern des street-children-Komitees.

2. Weg   Sport als strukturbildendes Element durch Gründung von Sportinitiativen und den Aufbau von Sportstrukturen, Bereitstellung von Spiel- und Sportmaterialien sowie Grundstoffen für den Bau von Kleinfeld-Sportplätzen.

3. Weg   Sport als Medium der Aus- und Fortbildung für Multiplikatoren zur langfristigen Fortführung bzw. Ausbau durch Veranstaltung eines Workshops im Sommer 1990 durch das Bundesministerium für Jugend, Familie, Frauen und Gesundheit (BMJFFG).[147]

Anhand dieser Konzeption wird deutlich, daß sich die Sportförderung der DSJ auf den Bereich des Jugendsports bezieht und besonders mit sozialschwachen Kindern und Jugendlichen gearbeitet wird.
Unter dem Motto „Sportler helfen Sportlern" engagiert sich die Deutsche Sportjugend (DSJ) auch in Namibia, wo sie u.a. Workshops realisiert. Diese haben zum Ziel, sogenannte „Sportassistenten" für die Arbeit mit Kindern und jungen Menschen zu qualifizieren und auszubilden. Daher fanden im November 1998 in Otavi und Tsumeb (Namibia) zwei Workshops statt, die folgende theoretische Lehreinheiten zum Inhalt hatten:

- Organisation der deutschen Sportjugend;

---

[146] Vgl. Litzberski, Marcus: „Möglichkeiten und Grenzen der Sportentwicklungshilfe – Das Sportentwicklungshilfeprojekt der Deutschen Sportjugend in Uganda als Beispiel eines grundbedürfnisorientierten Ansatzes", Köln 1996, S. 133.

Bilaterale Entwicklungszusammenarbeit im Sport der BRD mit der RSA

- Strukturen eines Sportvereins;
- Bedeutung des Sports für heranwachsende Kinder;
- Gesellschaftliche Situation von Kindern;
- Soziale Probleme und die Möglichkeit des Sports als Prävention;
- Körpererfahrung, Gesundheitsaspekte und erste Hilfe;
- Grundwissen von Projekt-Management;
- Öffentlichkeitsarbeit, Planen von Events wie Straßenfußball oder –basketball.[148]

Die theoretischen Inhalte komplettierten praktische Einheiten, die sich beziehen auf Teamsportarten wie Fußball, Individualsportarten wie Badminton, Sportspiele wie Frisbee und Aktionstage mit dem Medium Sport.

Auch für das Jahr 1999 sind weitere Sport-Workshops der Deutschen Sportjugend (DSJ) in Namibia geplant.[149]

Bei dem dritten Projekt der Deutschen Sportjugend in Kalkutta (Indien) handelt es sich ebenfalls um Sport-Workshops für Sozialarbeiter und Multiplikatoren. Diese Workshops basieren auf der deutsch-deutschen Kooperation zwischen der DSJ und der Deutschen Gesellschaft für Technische Zusammenarbeit (GTZ) in Zusammenarbeit mit zwei Partnern aus Indien, der Sports Authority of India (SAI) und Vikramshila.

Bei diesen Weiterbildungskursen wurden im März (1999) bis zu 25 Teilnehmer (Lehrer, Sozialarbeiter und Trainer) innerhalb von 8 Tagen in den verschiedensten Sportarten im theoretischen und praktischen Bereich ausgebildet. Hier läßt sich eine deutliche Parallele zu den Aktivitäten in Namibia erkennen. Die Deutsche Sportjugend (DSJ) stellt für die Ausbildung der Multiplikatoren in Kalkutta zwei Trainer zur Verfügung, wobei die GTZ diese Workshops mit Geldern unterstützt und organisatorische Hilfestellung leistet. Die Wahl der auszubildenden Trainer und Sozialarbeiter sowie die Bereitstellung der Räumlichkeiten und Sportanlagen für die Ausbildung übernehmen die beiden indischen Partner SAI und Vikramshila.[150]

---

[147] Vgl. Litzberski, Marcus, a.a.O., S. 135 f.
[148] Vgl. DSJ: „Conception for the qualification of sport assistants in Namibia", siehe Anhang I.
[149] Vgl. DSJ: „Conception for the qualification of sport assistants in Namibia", siehe Anhang I.
[150] Vgl. Sports Authority of India / GTZ / DSJ / Vikramshila (Hrsg.): „Proposal for a joint Sports workshop", 1999, S. 1f.; siehe Anhang I.

Konzeptionen zur Sportförderung in der Dritten Welt

3.4 Sportförderung in Staaten der Dritten Welt auf Länderebene

Neben der Sportförderung auf Bundesebene unterstützen auch einige Bundesländer Sportfördermaßnahmen. Durch deren finanzielle Bezuschussung von Hoch- und Fachhochschulen werden in Staaten der Dritten Welt Projekte durchgeführt. In diesem Zusammenhang kann jedoch nur mittelbar von Förderungsmaßnahmen des Bundeslandes gesprochen werden, da die Hochschulen ihre Austauschprogramme relativ eigenverantwortlich durchführen.

Neben der Förderung von Seiten der Universitäten pflegen auch die Landessportbünde (LSB) als Mitgliedsverbände des Deutschen Sportbundes (DSB) zum Teil eigenständige Kontakte zu Ländern der Dritten Welt.[151] Der LandesSportBund Nordrhein-Westfalen z.B. initiiert seit 1999 ein Projekt im Sport zur Verbesserung der Lebensbedingungen von Kindern und Jugendlichen in Gaza/ Palästina.[152]

Innerhalb der Landessportbünde sind zugleich die einzelnen Sportjugenden der Länder integriert, die ebenfalls, wie auch die Deutsche Sportjugend (DSJ), Sportförderung in der Dritten Welt durchführen. Zu diesen Maßnahmen gehört das SPACE Projekt in Südafrika, das von der Sportjugend NRW geleitet wird.

---

[151] Vgl. Digel, Helmut; Fronhoff, Peter, a.a.O., S. 219 f.
[152] Vgl. LandesSportBund und Sportjugend NRW (Hrsg.): „Fotoausstellung zum Projekt „Sport against Crime" und zum Projekt in Gaza, Duisburg 1999, S. 2.

Bilaterale Entwicklungszusammenarbeit im Sport der BRD mit der RSA

4. Die Bedeutung und Funktion des Sports im Entwicklungsprozeß der Dritten Welt

Nachdem nun in meinem dritten Kapitel die Zusammenhänge bundesdeutscher Sportförderung mit den jeweiligen Konzeptionen erläutert wurden, dient dieses vierte Kapitel dazu, die internationale Sportförderung in der Dritten Welt einer kritischen Reflexion zu unterziehen. Grundlage dafür ist eine wissenschaftliche Diskussion Mitte der 80er Jahre, bei der deutsche Sportwissenschaftler über den Sinn und Unsinn von Sportentwicklungshilfe Stellung bezogen haben. Dazu muß aber beachtet werden, daß der Kontext in Bezug auf Sportförderung in der Dritten Welt von damals ein anderer war als der von heute. Das hängt damit zusammen, daß die o. g. geführte Diskussion in die Zeit des Ost-West-Konflikts fällt, womit internationale Sportentwicklungshilfe mehr als heute im Mittelpunkt von politischen Interessen verankert war. Auch hat sich gegenwärtig, in den 90er Jahren, eine Basiskonzeption für Maßnahmen etabliert, auf die das NOK für Deutschland und die GTZ bei der Durchführung von Sport-Langzeitprojekten in der Dritten Welt zurückgreifen. Hinzu kommt, daß der Großteil der dabei eingesetzten Fachkräfte von deutscher Seite mittlerweile aus einem großen Erfahrungsschatz schöpft, weil sie bereits verschiedene Sportprojekte in den unterschiedlichsten Ländern der Dritten Welt durchgeführt haben.

Dennoch halte ich persönlich die folgende kritische Auseinandersetzung in diesem vierten Kapitel für besonders wichtig, weil sie dem Leser einen neuen Zugang zu internationaler sportbezogener Entwicklungszusammenarbeit eröffnet. Die nun folgende kritische Diskussion besitzt aus meiner Sicht immer noch Aktualität, da Sportförderung in der Dritten Welt niemals als ein statisches Faktum interpretiert werden kann.

4.1 Gegensatz Sport und Bewegungskultur

Der Begriff Sport, so wie wir ihn heute kennen, beschreibt zunächst einmal einen Bereich der europäisch-abendländischen Kultur. Seine traditionellen Bestandteile sind im Europa des 19. und der ersten Hälfte des 20 Jahrhunderts zu finden.[153] In diesem

---

[153] Vgl. Dietrich, Knut: „Traditioneller Sport – Herausforderung der deutschen Sportförderung", In: Sportwissenschaft, 15. Jahrgang, 1985, S. 277.

Konzeptionen zur Sportförderung in der Dritten Welt

Zusammenhang bemerkt Erich Beyer in seinem Aufsatz „Internationale Kulturkontakte durch das Medium Sport", daß alle Formen von Leibesübungen und damit auch der moderne Sport im kulturellen Leben eines Volkes in einer bestimmten Epoche verwurzelt sind und somit ihren kulturellen Rang innehaben. Dies bedeutet, daß bei kulturellem Wandel auch eine Veränderung im Bereich der Körperertüchtigung entsteht.[154] Somit bringt die Idee des Sports im Laufe der Jahre immer wieder eine Entwicklung mit sich, so daß neue Formen[155] hervorgebracht werden.[156]

Der Sport ist in unserer europäisch-amerikanischen Gesellschaft ein wichtiger Teil der Lebensform, wobei hier der Vergleich meßbarer Bewegungs-leistungen im Vordergrund steht. Dabei kommt das instrumentelle Körperverständnis zum Ausdruck, das mit Prinzipien unserer industriellen Zivilisation in hohem Maße korreliert.[157]

Jedoch unterscheidet sich der Sport unserer abendländischen Gesellschaft maßgeblich von den Bewegungskulturen in Ländern der Dritten Welt. Zwar gibt es auch dort in den jeweiligen Staaten Formen europäischer Leibesübungen, die z.B. vom Schulsport der Kolonialzeit herrühren und auf das Ende des 19. Jahrhunderts zurückgehen und somit in der Dritten Welt eine Tradition besitzen. Diese sind aber, und das ist nach Dietrich entscheidend, nicht in den traditionellen Stammeskulturen verankert. Jene sinnhaltigen Bewegungsformen, wie wir sie in rituellen Tänzen, in kultischen und religiösen Ereignissen vorfinden, können nicht als Sport bezeichnet werden, selbst dann nicht, wenn man dort Bewegungselemente findet, die auch in unserem Sport vorkommen. Daher ist der Begriff „traditioneller Sport" nach Dietrich eine unzulässige Kennzeichnung. In diesem Kontext sollte der Terminus „traditionelle Bewegungskultur" benutzt werden. In ihr stellt sich die menschliche Bewegung als Medium für Symbol- und Sinngehalt dar.[158]

4.1.1 Wandel der afrikanischen Bewegungskultur aufgrund von Kolonialismus und weiterer Einflüsse

Die traditionelle Bewegungskultur war in der Vergangenheit über Jahrhunderte in Afrika tief verankert. Die Völker dieses Kontinents hatten vor der Zeit des Kolonia-

---

[154] Vgl. Beyer, Erich: : „Internationale Kulturkontakte durch das Medium Sport", In: Sportwissenschaft, 15. Jahrgang, 1985, S. 272.
[155] Mit den neuen Formen des Sports sind u.a. gemeint: Fun-Sportarten wie Windsurfing. Vgl. Dietrich, Knut, a.a.O., S. 277.
[156] Vgl. Dietrich, Knut, a.a.O., S. 277.
[157] Vgl. Ebd., S. 277 f.
[158] Vgl. Ebd., S. 280.

Bilaterale Entwicklungszusammenarbeit im Sport der BRD mit der RSA

lismus eine eigenständige Geschichte, Zivilisation und Kultur, die sich durch einen hohen und vielfältigen soziokulturellen Standard auszeichnete. Dementsprechend waren auch die Körperkulturen das Gegenteil von unzivilisiert. Im vorkolonialen Afrika stellte sich die „Kultur des Körpers" durch Formen- und Bewegungsreichtum dar, sie war fest in die Arbeits- und Lebensweise der unterschiedlichsten Menschengruppen integriert und hatte die vielfältigsten Funktionen zu erfüllen. Die Körperkultur war durch die Gemeinschaft determiniert und bildete eine wichtige Voraussetzung zum physischen und sozialen Überleben.[159]

Nach Auffassung Rummelts besteht heute kein Zweifel mehr daran, daß der radikale Einschnitt in dieses Wertesystem im 19. Jahrhundert durch den europäischen Kolonialismus erfolgte. Dieser hatte verheerende Folgen auf die geistigen, sozialen und kulturellen Entwicklungen Afrikas. Peter Rummelt vertritt in seinem Aufsatz „Das sportpolitische Erbe im Kolonialismus in seiner Bedeutung für die gegenwärtige 'Sportentwicklungshilfe'" die Ansicht, daß der Kolonialismus das Nationalbewußtsein der afrikanischen Völker zerstörte, gleichzeitig die Menschen systematisch zur Verachtung der eigenen Kulturgeschichte erzog und parallel europäische Muster als nachahmenswerte Vorbilder darstellte.[160]

Von einer Überlegenheits-Ideologie ausgehend betrachteten die Kolonialherren die traditionellen Körperübungen als primitive Ausdrucksformen entarteter menschlicher Bewegungen. Die Afrikaner wurden in hohem Maße europäisiert. Die Zerstörung traditioneller sozio-kultureller Strukturen hatte negative Auswirkungen gerade auch auf die vielfältigen Formen der Körperübungen.

Es vollzog sich eine Änderung mit der Ausbreitung des westlichen Sports sowohl bei den Motiven der Sportausübung als auch bei deren Funktionen und Zielen. Der Sportexport der europäischen Kolonialmächte mit seinen Strukturen verdrängte und zerstörte die traditionellen Körperkulturen.[161]

Resümierend stellt Rummelt fest, daß im Bereich des Sports der Kolonialismus destruktive Spuren hinterlassen hat, die zur Folge hatten, daß nicht nur die lebenswichtige Bedeutung der positiven Werte der traditionellen Körperkulturen in den sozio-

---

[159] Das traditionelle afrikanische Wertesystem zeichnete eine starke integrative Funktion aus, die man mit folgenden Begriffen umreißen kann: Solidarität, Gemeinschaftlichkeit, Achtung, Toleranz, Würde und Zuneigung. Vgl. Rummelt, Peter: „Das sportpolitische Erbe im Kolonialismus in seiner Bedeutung für die gegenwärtige 'Sportentwicklungshilfe'", In: Andresen, Rolf u.a. (Hrsg.): „Beiträge zur Zusammenarbeit im Sport mit der Dritten Welt", Schorndorf 1989, S. 20.
[160] Vgl. Rummelt, Peter: „Das sportpolitische Erbe im Kolonialismus in seiner Bedeutung für die gegenwärtige 'Sportentwicklungshilfe'", a.a.O., S. 19.

Konzeptionen zur Sportförderung in der Dritten Welt

kulturellen Bereichen verlorenging. Auch hat er noch im modernen Sinne den sportlich bedingten Rückstand zum Weltsport vergrößert.[162] Dietrich drückt sich in seinem Aufsatz „Traditioneller Sport – Herausforderung der deutschen Sportförderung?" etwas vorsichtiger aus, indem er festhält, daß die afrikanische Bewegungskultur nicht komplett verdrängt und zerstört wurde. Zwar wurde sie auch seiner Meinung nach in der Vergangenheit vielseitig beeinflußt[163], so daß sie heute nicht mehr in ihren ursprünglichen Formen studierbar ist. Hierzu merkt Fekrou Kidane[164] an, daß „die historischen Manuskripte seiner Ahnen nicht mehr vorhanden sind, und ihr kulturelles Erbe zum Glück anderer Völker wurde"[165].

Was wir heute von den traditionellen Bewegungskulturen beobachten können, läßt sich bezeichnen als das Ergebnis kolonialer, postkolonialer, staatlicher und religiöser Einflüsse. Dennoch ist eine Bewegungskultur in Afrika vorhanden, die gleichzeitig, wie auch der europäische Sport, im Wandel begriffen ist. Die traditionelle Bewegungskultur ist kein „statisches Faktum", das als unveränderliches Indiz einer kulturellen Identität gelten könnte. Eher ist sie ständigen Veränderungen und Einflüssen unterworfen, womit man sie als „dynamische Größe" bezeichnen kann.[166]

4.2 Der moderne Leistungssport im Widerstreit zu den traditionellen Formen von Bewegungskultur in der Dritten Welt

Die Maßnahmen deutscher Sportförderung in der Dritten Welt zielten in der Vergangenheit und zielen heutzutage in der Regel darauf ab, modernen westlich orientierten Leistungssport in Entwicklungsländern zu fördern. Dieser Umstand ließ Anfang der 80er Jahre, wie bereits in der Einleitung dieses Kapitels angemerkt, eine kritische

---

[161] Vgl. Rummelt, Peter: „Das sportpolitische Erbe im Kolonialismus in seiner Bedeutung für die gegenwärtige 'Sportentwicklungshilfe'", a.a.O., S. 21.
[162] Ebd., S. 28.
[163] Die traditionelle Bewegungskultur wurde in Ländern der Dritten Welt durch die Kolonialzeit, Missionierung, Unabhängigkeitsbewegungen, Verwestlichung oder Industrialisierung (u.a.) vielseitig beeinflußt. Vgl. Dietrich, Knut, a.a.O., S. 281.
[164] Fekrou Kidane, Äthiopier und Chefredakteur von „JEUX D'AFRIQUE", bezieht Stellung zur Sportförderung in Afrika aus der Sicht der Empfängerländer in seinem Vortrag „Fragen der Körpererziehung und des Sports in den Ländern der Dritten Welt": „Afrika und seine Probleme". Vgl. Kidane, Fekrou: „Fragen der Körpererziehung und des Sports in den Ländern der Dritten Welt", In: Andresen, Rolf (Red.): „Akademiegespräch – Entwicklungshilfe im Sport, 22. – 24.06.1981", Hrsg. von Führungs- und Verwaltungsakademie Berlin des Deutschen Sportbundes, Berlin 1981, S. 75.
[165] Ebd., S. 75.
[166] Vgl. Dietrich, Knut, a.a.O., S. 281.

Bilaterale Entwicklungszusammenarbeit im Sport der BRD mit der RSA

Diskussion zu der Thematik Sportentwicklungshilfe von namhaften deutschen Sportwissenschaftlern aufkommen. Diese soll nun im folgenden thematisiert werden. Helmut Digel stellt dabei in seinem Aufsatz „ Ist Sportförderung in der Dritten Welt Entwicklungshilfe?" den zu interpretierenden Ansatz dar. Seine Frage lautet, inwiefern die Einfuhr von Sportstrukturen, die sich am Bild des olympischen Sports orientieren, in Ländern der Dritten Welt in Konflikt oder in Widerspruch zu bestehenden Bewegungs- und Körperkulturen geraten können, die auf einheimische Traditionen zurückgehen.[167]

Für Knut Dietrich birgt der Begriff Sportförderung das Mißverständnis in sich, es könne gelingen, unseren Sport in ein Entwicklungsland zu exportieren und ihm dort die gleiche gesellschaftliche Bedeutung zu geben, die er bei uns hat. Er fordert Maßnahmen, die gemeinsam und gleichberechtigt von beiden Ländern unternommen werden, um auf der Grundlage der kulturellen Gegebenheiten und unter Einbeziehung auch der historisch gewachsenen Vielfalt der Bewegungskultur beider Partnerländer eigenständige Entwicklungsschritte zu unternehmen. „Entwicklungszusammenarbeit" ist dafür nach Dietrich der adäquate Begriff, da sie auf der Grundlage der Begegnung von Kulturen stattfindet.[168]

Peter Rummelt geht in seiner Argumentation einen Schritt weiter, indem er postuliert, daß sich die europäische Sportentwicklungshilfe den objektiven afrikanischen Interessen unterordnen muß.[169]

Beyer warnt in diesem Kontext vor der Gefahr „Sportimport" oder gar vor Verdrängung traditioneller Formen von Leibesübungen. Es könnte oft so weit führen, daß von einer neuen Form des Kolonialismus gesprochen wird, die in der kulturellen Überfremdung der mit Sportförderung bedachten Entwicklungsländern endet. Die Ausbreitung des modernen Sports als Leistungssport sei danach nichts anderes als eine

---

[167] Vgl. Digel, Helmut: „ Ist Sportförderung in der Dritten Welt Entwicklungshilfe?", In: Sportwissenschaft, 15. Jahrgang, 1985, S. 254.

[168] Es sei hier anzumerken, daß sich der von Dietrich geforderte Begriff „Entwicklungs-zusammenarbeit" heute beim NOK für Deutschland und DSB offiziell Verwendung findet und sich somit durchgesetzt hat. Dennoch merkt Rummelt in diesem Kontext kritisch an, daß „man unter einem richtigen Begriff viel Falsches machen kann und unter einem falschen Begriff viel Richtiges." Vgl. Rummelt, Peter: „Das sportpolitische Erbe im Kolonialismus in seiner Bedeutung für die gegenwärtige `Sportentwicklungshilfe'", a.a.O., S. 25.

[169] Gleichzeitig stellt er die Frage, welches denn die objektiven Interessen Afrikas sind. Seiner Auffassung nach sind es nicht die Interessen von Machtpolitikern und subjektiv-elitären Kreisen, sondern all jene sportpolitischen und sportstrukturellen Maßnahmen, die innenpolitisch zu einem nationalen Identifikationsprozeß beitragen und die außenpolitisch einen Beitrag zur Chancengleichheit im Weltsport leisten. Vgl. Rummelt, Peter: „Das sportpolitische Erbe im Kolonialismus in seiner Bedeutung für die gegenwärtige `Sportentwicklungshilfe'", a.a.O., S. 29.

Konzeptionen zur Sportförderung in der Dritten Welt

Ausweitung der europäisch-amerikanischen Weltsicht, womit das Leistungsdenken als ein in unserer Kultur verwurzeltes Phänomen gemeint ist.[170]
Maßnahmen der Entwicklungszusammenarbeit im Sport sollten sich daher auf die Erhaltung, Förderung oder Wiederbelebung traditioneller Formen von Leibesübungen beschränken, was jedoch nicht immer im Interesse der Entwicklungsländer selbst liegt. Da sich die traditionellen Bewegungskulturen, wie im vorherigen Kapitel bereits erwähnt, in einem Wandel befinden, wird heutzutage häufig in den Entwicklungsländern selbst die Meinung vertreten, jetzt den Anschluß an die übrige Welt und damit auch an die übrige Welt des Sports zu finden. Für die junge Generation von Lehrern und Studenten in den Entwicklungsländern, insbesondere Afrikas, bedeutet die Erhaltung oder Wiederbelebung dieser alten Formen von Leibesübungen eine Erinnerung oder den Rückfall auf eine primitive Entwicklungsstufe.[171] Fekrou Kidane hält diesen Umstand für bedauerlich, der auch darin zum Ausdruck kommt, daß afrikanische Studenten an ausländischen Universitäten weiterhin ihre Arbeiten über Themata abfassen, die sich mit dem modernen Sport beschäftigen und nicht über die traditionellen und nützlichen Probleme schreiben. Er fordert eine Initiative, den ursprünglichen Sport in Afrika zu fördern.[172]

Von daher ist nach Auffassung Beyers sehr viel Behutsamkeit erforderlich, welcher Bereich der Entwicklungszusammenarbeit in Drittweltländern ausgebaut werden soll. „Die Völker möchten darüber lieber selbst entscheiden. Deshalb sollten die von ihnen vorgetragenen Wünsche und Vorschläge zur Förderung der Leibesübungen in ihren Ländern respektiert und es sollte nicht in einem Anflug von Besserwisserei mit erhobenem Zeigefinger doziert werden, was ihnen wirklich not tue"[173].
Dieser Auffassung widerspricht Helmut Digel zwar nicht, er vertritt jedoch den Standpunkt, daß sich der moderne Sport neben die traditionellen Bewegungskulturen gestellt hat, ohne zu diesen in Konkurrenz zu treten. Nach seiner Auffassung ist es vielmehr sinnvoll, den Begriff des Sports auf das moderne Teilphänomen einer Bewegungskultur zu beschränken, welches zum Ausgang des 18. Jahrhunderts seinen

---

[170] Vgl. Beyer, Erich, a.a.O., S. 271.
[171] Ebd., S. 272.
[172] Vgl. Kidane, Fekrou, a.a.O., In: Andresen, Rolf (Red.); DSB Berlin (Hrsg.): „Akademiegespräch – Entwicklungshilfe im Sport", a.a.O., S. 75.
[173] Beyer, Erich, a.a.O., S.273.

Bilaterale Entwicklungszusammenarbeit im Sport der BRD mit der RSA

Anfang nahm und größtenteils von der Ersten in die Dritte Welt hineingetragen wurde.[174]
Gleichwohl müssen nach Auffassung Dietrichs soziokulturelle Bedingungen hinterfragt und auch die vorfindbaren Bewegungskulturen in ihrer Funktion für das Leben der Menschen beachtet werden, um eine erfolgreiche Abwicklung von Projekten der Sportentwicklungshilfe zu garantieren. Im Zusammenhang mit Bildungszusammenarbeit sind erziehungsrelevante Gegebenheiten von Bedeutung.[175]
Dietrich zeigt anhand von drei Beispielen staatliche, kirchliche und sportbezogene Einflüsse auf, durch die sich in der Bewegungskultur traditionelle und moderne Elemente der Kultur vermischt haben. Die Aufgabe der Entwicklungspolitik muß von daher sein, traditionelle Kulturen auf ihre jeweiligen Modernisierungs-Potentiale hin zu untersuchen, wobei traditionelle Formen des Lebens und der Bewegungskultur für die Arbeit der Entwicklungsexperten eine große Bedeutung haben sollten.[176]

Zur Veranschaulichung dient in diesem Kontext die Form unseres Sportspiels Fußball, welches auch in Afrika übernommen und gespielt wird. Dabei lassen sich Unterschiede feststellen, die sich wie folgt äußern können: Es wird beim Spiel nicht (oder noch nicht?) das ausgeprägte instrumentelle Körperverständnis angenommen wie in Europa. Leistung bedeutet in den Augen der Afrikaner eben nicht allein individuelle Anstrengung und die rationale Aufrüstung (Training) aller körperlichen und geistigen Kräfte, sondern auch eine Art von „wohlgesinnter Magie". Sie sollten nach Dietrich als Ausdruck einer kulturellen Eigenart ernst genommen werden.
Angesichts der Einflüsse, die Staat und Kirche heute noch nachweisbar auf die traditionelle Bewegungskultur haben, sollte nach Dietrich folgender Fragenkatalog kritisch angemerkt werden[177]:

- Wird der Sport überlieferte Formen ersetzen (Veränderung)?

---

[174] Vgl. Digel, Helmut, a.a.O., S. 254.
[175] Vgl. Dietrich, Knut, a.a.O., S. 279.
[176] Ebd., S. 287.
[177] Kidane bestätigt den Einfluß von Staat auf den Sport, indem er sagt, daß er in Afrika immer von Regierungen beherrscht wurde, die ihn leider auf ihre bestimmte Art und Weise zu politischen Zwecken ausnutzten. Vgl. Kidane, Fekrou, a.a.O., In: Andresen, Rolf (Red.), DSB Berlin (Hrsg.): „Akademiegespräch – Entwicklungshilfe im Sport", a.a.O., S. 77.

Konzeptionen zur Sportförderung in der Dritten Welt

- Kann er neben diesen existieren (Koexistenz)?
- Werden traditionelle Formen versportlicht (Assimilation)?
- Oder werden umgekehrt die Formen des Sports kulturspezifisch adaptiert?
- Wäre es nicht auch grundsätzlich denkbar, daß Sport ganz und gar abgelehnt wird und keinerlei Beachtung findet (Negierung)?[178]

Es gilt dabei anzunehmen, daß für jede der angegebenen Möglichkeiten spezifische Bedingungen vorliegen müßten. Nach Auffassung Dietrichs weist vieles darauf hin, daß Formen des Sports um so stärker kulturspezifisch umgedeutet werden, je ausgeprägter eine eigene kulturelle Identität vorhanden ist, auf deren Grundlage dann das zunächst Fremde interpretiert wird. Von daher ist es für Maßnahmen der Entwicklungszusammenarbeit im Sport dringend notwendig, Untersuchungen über Bedingungen, Verläufe und Auswirkungen der Vermischung von traditioneller Bewegungskultur und Sport anzustellen.[179]

Auch Erich Beyer kommt am Ende seines Aufsatzes zu der selben Grundthese wie Dietrich. Nach seiner Auffassung müßte der jeweilige philosophische Hintergrund fremder Formen von Leibesübungen und Sportarten stärker ins Bewußtsein gerückt werden, um dem sportlichen Leben unserer Zeit größere Fülle und inneren Reichtum zu geben und um das Verständnis der Menschen für die Besonderheit und Andersartigkeit der Kulturen fremder Völker, Länder und Kontinente im internationalen Sportaustausch zu wecken und zu fördern. Dabei sind seiner Auffassung nach internationale Kulturkontakte im Umfeld des modernen Leistungssports weniger realisierbar als sportliche Begegnungen, die nicht so sehr leistungsbetont sind.

Resümierend sagt Beyer, daß Sport einen wichtigen Beitrag zur Völkerverständigung leisten könnte, vorausgesetzt man überfordert ihn nicht und man begeht nicht den Fehler, zu hohe Erwartungen in seine Möglichkeiten zu setzen.[180]

Aus der Sicht von Kidane ist der Sport dank seines Universalcharakters das beste Mittel zur Völkerverständigung, speziell für Afrika zur Festigung seiner Einheit.[181]

---

[178] Vgl. Dietrich, Knut, a.a.O., S. 288.
[179] Ebd., S. 289.
[180] Vgl. Beyer, Erich, a.a.O., S. 276.
[181] Vgl. Kidane, Fekrou, a.a.O., In: Andresen, Rolf (Red.), DSB (Hrsg.) Berlin: „Akademiegespräch – Entwicklungshilfe im Sport", a.a.O., S. 76.

Bilaterale Entwicklungszusammenarbeit im Sport der BRD mit der RSA

4.3 Bedeutung des Sports in der Entwicklung

Dieses Kapitel soll darlegen, welche Bedeutung dem Sport in Ländern der Dritten Welt beigemessen wird. Hierfür ist es nach Auffassung Heinemanns notwendig zwischen den traditionellen Bewegungskulturen, dem Freizeitsport[182] und dem internationalen Spitzensport zu unterscheiden. Untersucht wird die Bedeutung der drei Ausprägungsformen des Sports in den Entwicklungsländern unter Berücksichtigung der dort jeweiligen Entwicklungsstrategie.

4.3.1 Selektive Erhaltung und Neubestimmung von traditionellen Bewegungskulturen in Entwicklungsländern

Im Prozeß von Entwicklung in Ländern der Dritten Welt, bei dem das westliche Modell gesellschaftlicher, politischer und industrieller Standards übernommen wird, kommt es oft zur Nachahmung des modernen Sports. Dieser erscheint als Vorbild westlicher Lebensweise. Wie bereits in Kapitel 4.2 meiner Arbeit besprochen wurde, kann der Import des europäischen Sports Zerstörung oder doch weitgehende Verdrängung der eigenen Bewegungskultur zur Folge haben.

Dieser Umstand leitet sich daraus ab, daß die Modernisierung von Entwicklungsländern[183] oft die eigene traditionale Gesellschaftsstruktur als Grundlage für ihre Entwicklung benutzt. Nach Auffassung Heinemanns und in Übereinstimmung mit den zuvor angeführten Sportwissenschaftlern soll Entwicklung nicht zur Zerstörung traditionaler Strukturelemente führen, sondern ihre selektive Erhaltung und Neubestimmung ermöglichen.[184]

4.3.2 Der Breitensport in Entwicklungsländern

Die Situation in vielen Entwicklungsländern ist katastrophal. Die Zahl der Menschen, die in absoluter Armut leben, vergrößert sich stetig. Trotz dieser großen Probleme se-

---

[182] Hiermit ist der Freizeitsport gemeint, welcher in den modernen Gesellschaften entstand und in die Entwicklungsländer exportiert wurde und dort ausgeübt wird. Vgl. Heinemann, Klaus, a.a.O., S. 238.
[183] Die theoretische Grundlage der Modernisierung wurde bereits in Kapitel 2.2.1 in meiner Arbeit erläutert.
[184] Vgl. Heinemann, Klaus, a.a.O., 239.

Konzeptionen zur Sportförderung in der Dritten Welt

hen viele Länder in der Dritten Welt die Übernahme eines modernen Sports nicht als überflüssig an.

Was die Verbreitung des Breitensports in Entwicklungsländern betrifft, muß man nach Meinung Heinemanns davon ausgehen, daß dieser, wie er in den westlichen Gesellschaften entstanden ist, in den Entwicklungsländern nur eine geringe Bedeutung besitzt. Dort Sport im Sinne der westlichen Industriegesellschaften zu treiben ist nur begrenzt möglich. Dies hängt einerseits damit zusammen, daß u.a. einfach die finanziellen Gegebenheiten für Ausstattung und Anlagen nicht vorhanden sind und andererseits liegt es auch an dem kulturell geprägten Lebensstil. Die Merkmale des modernen Sports auf der einen Seite, die sozialen Strukturen und Lebensformen einer traditionellen Gesellschaft im Wandel auf der anderen Seite erschweren die Verbreitung des Sports in diesen Gesellschaften. In Zahlen ausgedrückt heißt dies, daß höchstens 2-5 % der Bevölkerung eines Entwicklungslandes aktiv Sport treibt.

Es ist jedoch hier anzumerken, daß mit der Entwicklung von Staaten in Richtung Industrialisierung auch gleichzeitig eine hohe Bereitschaft zu finden ist, den modernen Sport zu übernehmen. Dabei wird er sich nach Heinemann mit dem Grad der Industrialisierung entwickeln, wobei seine Verbreitung dem Wachstum des Erziehungssystems entsprechen wird. Gründe dafür sind zum einen, daß in vielen Entwicklungsländern Sport ein wichtiges Unterrichtsfach wird und zum anderen, daß das Erziehungssystem zunächst nur der Oberschicht offen steht, die damit den engsten Kontakt zur westlichen Kultur besitzt und den Sport als Vorbild westlicher Lebensweise übernimmt.[185]

4.3.3 Der Hochleistungssport in Entwicklungsländern

Die erfolgreiche Förderung des Spitzensports eines Staates hängt von den Ressourcen[186] ab und ist von der Bereitschaft abhängig, diese für den Spitzensport gezielt einzusetzen.

Vor allem das politische System und die jeweils verfolgte Entwicklungsstrategie bestimmen, wie die vorhandenen Ressourcen genutzt und für den Sport eingesetzt werden. Für die Beurteilung der Erfolgschancen der Länder der Dritten Welt in interna-

---

[185] Vgl. Heinemann, Klaus, a.a.O., S. 241.
[186] Mit den Ressourcen sind u.a. gemeint: Größe der Bevölkerung und Höhe des Pro-Kopf-Einkommens. Ebd., S. 241.

tionalen Sportwettbewerben muß berücksichtigt werden, daß sie fast ausschließlich Sportarten übernehmen müssen, die in den Industrieländern entstanden sind. Dieser Umstand ist als eine Benachteiligung zu werten. So bleibt nach Auffassung Heinemanns vor allem der Spitzensport weitgehend auf Industrieländer beschränkt.[187]

4.4 Legitimationsversuche und Ziele der Sportförderung in der Dritten Welt

Spätestens seit Epplers Tutzinger Rede von 1972 zur Entwicklungshilfe durch Sport, so Helmut Digel, stellt sich die Frage nach der Legitimation sportbezogener Entwicklungshilfe-Maßnahmen. Der damalige BMZ-Minister Erhard Eppler[188] warnte bereits zu diesem frühen Zeitpunkt vor der Gefahr des Kulturexports, dessen Kritik im vorherigen Kapitel thematisiert wurde. Diese Kritik löste Legitimations-Bemühungen auf der Seite jener aus, die politisch für Sportförderung verantwortlich waren, wie u.a. im Fünften Sportbericht der Bundesregierung dokumentiert wurde. Grundlegend für alle Begründungsversuche ist nach Helmut Digel die Annahme, daß Sportentwicklungshilfe Impulse für den Entwicklungsprozeß unterentwickelter Gesellschaften gibt. Dieser Umstand ist besonders dann gewährleistet, wenn der Sport in der Dritten Welt als „Mittel der Sozialpädagogik" auftritt. Somit können soziale Strukturen erwirkt werden.[189]

Den Funktionszuweisungen des Sports ist gemeinsam, daß sie vor allem vor dem Hintergrund positiver Erfahrungen mit dem Sport in der Ersten Welt geäußert werden. Insofern haben sie durchaus eine empirische Basis. Die Entwicklungszusammenarbeit im Sport fördert danach den aufgeklärten Sportbürger des 20. Jahrhunderts. Dazu übt der Sport, wie schon bei Fekrou Kidane im vorherigen Unterkapitel angesprochen, auf den Prozeß des „nation-building" einen positiven Einfluß aus. Daneben kommt ihm eine integrierende Wirkung zu, wobei darüber hinaus die Sportförderung zur Chancengleichheit im internationalen Hochleistungssport zwischen der Ersten und der Dritten Welt beitragen kann. Mit diesen Argumenten wird die Legitimationsfrage nach Auffassung Digels auf den ersten Blick plausibel, bei genauerer Betrachtung jedoch eher fragwürdig, da dem Sport der Status eines Grundbedürfnis-

---

[187] Vgl. Heinemann, Klaus, a.a.O., S. 242. Hierzu sei jedoch kritisch anzumerken, daß Mitte/ Ende der 90er Jahre viele erfolgreiche Leichtathleten im Spitzensport in den Disziplinen Mittel- und Langstreckenlauf aus Ländern der Dritten Welt vertreten sind.
[188] Vgl. hierzu Kapitel 2.4 „Deutsche Entwicklungspolitik" meiner Arbeit.
[189] Vgl. Digel, Helmut, a.a.O., S. 250.

Konzeptionen zur Sportförderung in der Dritten Welt

ses zugewiesen wird, womit sich alle weiteren Legitimationsversuche erübrigen würden. Bedenkt man auch neben den positiven Erfahrungen des Sports die negativen, so müssen in Bezug auf die Wirkweise des Sports in der Ersten Welt erhebliche Zweifel entstehen, wobei sich nach Digel daraus für die Dritte Welt die Gefahr ableitet, ihr dieselben ungesicherten Funktionen zuzuweisen. Helmut Digel hinterfragt nun kritisch im weiteren Verlauf seiner Ausarbeitung verschiedene Indikatoren[190] von Instrumenten, welche die Sport-Entwicklungshilfe offiziell legitimieren.[191]

Resümierend sagt er, daß der Sport auf der einen Seite als ein positiv besetztes Wertesystem betrachtet wird, das sich über das Merkmal des „Fair play" eine bessere Welt vorspiegelt. Dabei wird jedoch kaum verdeutlicht, daß er immer, wenn er seine positiven Werte in die Tat umsetzen möchte, durch negative Einflüsse gefährdet wird. „Insofern wird dem Partner in der Dritten Welt ein Produkt angeboten, dessen Schattenseiten der Verkäufer nicht benennt, die aber, wenn man das Produkt gekauft hat, täglich zu Tage treten"[192].

4.5 Konzeption und Ziele der Sport-Entwicklungspolitik

Angesichts der in den vorherigen Kapiteln angesprochenen Kritik muß nach Meinung Digels darüber nachgedacht werden, ein pragmatisches Konzept der Sportförderung vorzulegen. Sport kann dabei, wenn er als bedeutsam erachtet wird, auf dem Weg einer Gesellschaft von der Unterentwicklung zur Entwicklung eingefügt werden, wobei die Frage des Zeitpunkts von Entwicklungsland zu Entwicklungsland verschieden zu beurteilen ist. Unbeantwortet bleibt in diesem Zusammenhang die Frage, inwiefern Sport einen gesamtgesellschaftlichen Entwicklungsprozeß begünstigt, nicht beeinflußt oder benachteiligt.[193]

Nahezu in jedem Land der Dritten Welt sind nach Digel, im Gegensatz zur Auffassung Klaus Heinemanns, bereits heute sehr umfassende Sportstrukturen zu beobachten, mit denen man politisch umzugehen hat. Schon aus sportpolitischen Erwägungen heraus müssen die Sportfördermaßnahem der Bundesrepublik Deutschland nach

---

[190] Diese Indikatoren von Instrumenten der Sport-Entwicklungshilfe sind: Persönlichkeitsbildung; Integration; Identifikation; Chancengleichheit; Kompensation und Regeneration; Grundbedürfnisbefriedigung. Vgl. Digel, Helmut, a.a.O., S. 251-253.
[191] Ebd., S. 251.
[192] Vgl. Digel, Helmut, a.a.O., S. 254.

Bilaterale Entwicklungszusammenarbeit im Sport der BRD mit der RSA

Meinung Digels weitergeführt werden, um nicht „hart umkämpftes politisches Terrain für konkurrierende Partner"[194] freizugeben. Dies beinhaltet aber nicht zugleich, sich der theoretischen Diskussion über Sinn und Unsinn deutscher Sport-Entwicklungshilfe zu verschließen. Der Sport hat sich in vielen unterentwickelten Ländern im Prozeß von der Unterentwicklung zur Entwicklung über einen Urbanisierungs- und Industrialisierungsprozeß ohne entwicklungspolitische Steuerung eingestellt. Dabei ist er zur Manövriermasse nationaler Politik in der Dritten Welt geworden, die in die internationale Entwicklungszusammenarbeit mit einbezogen werden muß.

Digel merkt in diesem Zusammenhang an, daß die deutsche Sportförderpolitik bei durchzuführenden Maßnahmen sowohl auswärtige Kulturpolitik als auch Entwicklungshilfe-Politik sein kann. Dazu äußert sich Digel in Übereinstimmung mit der Auffassung Heinemanns, daß es bei dieser Politik letzten Endes aber auch um die eigenen Interessen der Bundesrepublik Deutschland geht.[195]

Grundvoraussetzung für jede Sportfördermaßnahme ist nach Auffassung Digels, daß sie sich an Effizienzkriterien messen läßt und nicht in Widerspruch zu den entwicklungspolitischen Grundsätzen der Bundesregierung gerät. Von seinem Standpunkt ausgehend scheinen solche Maßnahmen erfolgversprechend zu sein, die sich auf den Aufbau von Sportstrukturen beziehen und die sich an die spezifische Qualität des deutschen Sportsystems anlehnen. In der ausdifferenzierten Situation des deutschen Sportsystems liegen Stärke und Kompetenz der Bundesrepublik und ihre eigentliche Legitimation, in der Dritten Welt Sportfördermaßnahmen durchzuführen.[196]

Klaus Heinemann unterteilt in seinem Aufsatz „Sport und Entwicklungshilfe in Ländern der dritten Welt" die Ziele, die von der Sportförderung umgesetzt werden sollen, in zwei verschiedene Typen.

Davon ist der erste Typ darauf ausgerichtet, den betroffenen Ländern selbst eine Hilfe zu geben. Man verspricht sich durch die Vermittlung des modernen westlichen Sports einen Gewinn für die Bevölkerung der Länder der Dritten Welt. Desweiteren wird der Sport aufgrund seiner erhofften vielfältigen Funktionen etwa in der Gesundheitsförderung eingesetzt, also als Instrument gefördert, das die Entwicklung der Länder in der Dritten Welt zu modernen Industriegesellschaften erleichtern kann. Zusätzlich

---

[193] Ebd., S. 255.
[194] Ebd., S. 256.
[195] Vgl. Digel, Helmut, a.a.O., S. 258.
[196] Ebd., S. 259.

Konzeptionen zur Sportförderung in der Dritten Welt

kann der Sport als eine Möglichkeit unterstützt werden, Folgeprobleme rascher industrieller Entwicklung zu bewältigen, die etwa aus einer Verstädterung resultieren. Der zweite Typ von Zielen der Entwicklungshilfe liegt nicht primär in der Unterstützung von Ländern der Dritten Welt, sondern beinhaltet eigene Interessen der Geberländer wie Sympathiewerbung und Durchsetzung von politischen Interessen.[197]

Für Planung und Kontrolle von Maßnahmen in der Entwicklungszusammenarbeit im Sport ist es wichtig zu wissen, welches Ziel angestrebt wird. Dabei müssen die Entwicklungsexperten zum differenzierten Umgang verschiedener Zielansätze in der Lage sein. Bei dem Transfer des modernen Sports ist von großer Bedeutung, ob dieser Sport überhaupt in die jeweilige Gesellschaft der Dritten Welt übertragbar ist. Hinzu kommt, welche Entwicklungsstrategien das jeweilige Land verfolgt. Strebt man die Überwindung der Folgeprobleme der Entwicklung an, so sollte man über die herauskristallisierten negativen Folgen informiert sein.[198]

4.6 Mögliche Alternativen für den Sport in Entwicklungsländern

Die Sportentwicklungshilfe hat sich mit verschiedensten Schwierigkeiten auseinanderzusetzen. Zu diesen Problemen gehört eine eindeutige Definition der jeweiligen Zielbestimmung. Zudem sind der Sport-Entwicklungshilfe Grenzen gesetzt durch die Vielfalt der Kulturen sowie die besonderen Bedingungen, welche die jeweils verfolgten Entwicklungsstrategien schaffen. Auch ist die Unsicherheit der Übertragbarkeit von Sport in ein jeweiliges Drittweltland vorhanden. Dieser Umstand stützt die These, daß sich Entwicklungspolitik an Versuch und Irrtum zu orientieren habe.
Dabei lautet die nun am Schluß zu stellende Frage, welche Alternativen dem Sport in Ländern der Dritten Welt bleiben. Eine Möglichkeit wäre nach Sichtweise Heinemanns, eine Spiel- und Bewegungskultur zu entwickeln, welche die kulturellen Traditionen des jeweiligen Landes berücksichtigt und vor allem als Freizeitsport Verbreitung finden könnte. Somit kann sich für Entwicklungsländer eine Möglichkeit ergeben, breite Bevölkerungsschichten für diesen Sportgedanken zu bewegen.[199] Die

---

[197] Vgl. Heinemann, Klaus: „Sport und Entwicklungshilfe in Ländern der Dritten Welt", In: Sportwissenschaft, 15. Jahrgang, 1985, S. 228 f.
[198] Vgl. Heinemann, Klaus, a.a.O., S. 229.
[199] Ebd., S. 242.

Bilaterale Entwicklungszusammenarbeit im Sport der BRD mit der RSA

Kehrseite dieser Alternative wäre jedoch der fehlende Bezug zum internationalen Spitzensport, womit kaum eine Grundlage für Leistungssport gegeben wäre. Die andere Alternative wäre nach Auffassung Klaus Heinemanns die Förderung des modernen Sports vor allem in der Form eines Leistungs- und Spitzensports. Dabei hat der Leistungssport eine große Bedeutung, die sich bei internationalen Kontakten und Repräsentationen sowie als Vorbild für den Breitensport zeigt.[200]
Dieser zweiten Alternative widerspricht jedoch Erich Beyer mit seiner These, daß internationale Kulturkontakte im Umfeld des modernen Leistungssports nur schwer zu realisieren sind.[201]
Aus diesem vierten Kapitel ist hervorgegangen, daß die Meinungen über den zu fördernden Bereich (Breiten- oder Leistungssport) und damit verbunden die Konzeptionen in der Entwicklungszusammenarbeit im Sport in gewissem Maße divergieren. Eine Wahrheit scheint es nicht zu geben. Entscheidend ist jedoch, und darin sind sich alle von mir zitierten Sportwissenschaftler einig, daß man die Fördermaßnahmen in der Dritten Welt mit sehr viel Sensibilität und einem interaktiven Dialog mit dem jeweiligen Partner auszuführen hat. Der Erfolg von Maßnahmen kann sich nur dann einstellen, wenn man ganz gezielt auf die Belange und die Wünsche des jeweilig zu fördernden Landes eingeht.
Was die Diskussion „Sport versus Bewegungskultur" anbelangt, halte ich es persönlich, auch aus meiner eigenen Erfahrung, mit der Auffassung Helmut Digels, daß sich der Sport neben die Bewegungskulturen gestellt hat, ohne mit ihnen zu konkurrieren. Diese Meinung soll jedoch nicht den negativ belasteten geschichtlichen Weg des Kolonialismus in Frage stellen, der letztendlich die Zerstörung der ursprünglichen afrikanischen Bewegungskulturen zu verantworten und die heutige Situation in den meisten Drittweltländern hervorgerufen hat.
In dem nun folgenden fünften Kapitel werde ich auf ein ganz bestimmtes afrikanisches Land eingehen, um so die theoretischen Grundlagen von Sportfördermaßnahmen beispielhaft in der pragmatischen Umsetzung zu veranschaulichen. Bei diesem Land handelt es sich um die Republik Südafrika, die von allen afrikanischen Staaten jedoch eine Sonderrolle einnimmt, weil sie bis zum Ende der 80er Jahre von einer weißen Minderheit regiert wurde. Die dort praktizierte politisch-soziologische Ideologie basierte auf Rassentrennung, wobei natürlich auch der Bereich des Sports in hohem Maße betroffen war.

---

[200] Vgl. Heinemann, Klaus, a.a.O., S. 243.
[201] Vgl. hierzu Kapitel 4.2 meiner Arbeit.

Konzeptionen zur Sportförderung in der Dritten Welt

Bevor ich im sechsten Kapitel auf einzelne deutsche Sport-Projekte in Südafrika eingehen werde, dient dieses nun folgende fünfte Kapitel zum besseren Verständnis der politischen und kulturellen Umstände im Land am Kap.

Bilaterale Entwicklungszusammenarbeit im Sport der BRD mit der RSA

5. Die Republik Südafrika

Die Republik Südafrika (RSA), rund 1,22 Millionen Quadratkilometer groß, liegt an der Südspitze des afrikanischen Kontinents. Die Grenzen des Landes verlaufen im Nordwesten entlang an den Nachbarstaaten Namibia und Botswana, im Norden an Simbabwe und im Nordosten an Mosambik sowie an dem Königreich Swasiland. Komplett von südafrikanischem Territorium umgeben ist der Staat Lesotho. Im Westen, Süden und Osten grenzt die Republik Südafrika an den Südatlantik und den südlichen Indischen Ozean.

Die politischen Verhältnisse Südafrikas stellen sich am Ende der 90er Jahre wie folgt dar:

Nach Inkrafttreten einer neuen Verfassung wird die Republik Südafrika in neun Provinzen eingeteilt: Freistaat, Gauteng, Kwazulu-Natal, Mpumalanga, Nord-Kap, Nord-Provinz, Nord-West, Ost-Kap und West-Kap.[202]

Eine Übergangsverfassung vom 22.12.1993, die das höchste und wichtigste Gesetz des Landes ist, setzt dem Apartheidstaat ein Ende. Am 04. Februar 1997 tritt die offizielle endgültige Verfassung der Republik Südafrika in Kraft, nachdem Präsident Mandela diese am 10. Dezember 1996 im Rahmen einer feierlichen Zeremonie im Stadion der geschichtsträchtigen Stadt Sharpeville unterzeichnete.

Über Generationen hinweg wurde das Land durch eine Politik der Rassentrennung geprägt. Südafrika überwindet mit dieser neuen Verfassung das Apartheidregime der weißen Minderheit. Vom 26. bis 29. April 1994 gehen zum ersten Mal in der Geschichte des Landes alle Südafrikaner gemeinsam an die Wahlurnen, um das neue Parlament zu wählen.[203]

Nach diesen ersten freien Wahlen des Landes leitete die Regierung der nationalen Einheit von Präsident Mandela behutsam den Umbau von Gesellschaft und Staat ein. Unter dem Leitbild der „Einheit in der Unterschiedlichkeit" steht nun die sich selbst ernannte „Regenbogennation" vor der Aufgabe, die tiefe gesellschaftliche Spaltung zu überwinden.[204]

---

[202] Vgl. Südafrikanische Botschaft (Hrsg.): „Das ist Südafrika, Teil 1", Bonn 1997, S. 3 f.
[203] Vgl. Südafrikanische Botschaft (Hrsg.): „Das ist Südafrika, Teil 1", Bonn 1997, S. 21 f.
[204] Vgl. Nohlen, Dieter, a.a.O., S. 703.

Konzeptionen zur Sportförderung in der Dritten Welt

5.1 Der sozioökonomische Hintergrund

Zu einem differenzierten Verständnis der Problematik Südafrikas ist die Kenntnis von sozioökonomischen Hintergründen, auch im Zusammenhang mit Sport, unerläßlich. Da die ökonomischen und sozialen Voraussetzungen Einfluß auf alle Gesellschaftsbereiche ausüben, soll dieses Kapitel dazu dienen, dem Leser die elementaren Rahmendaten zu Bevölkerung, Wirtschaft und Bildungswesen zusammenzustellen.[205]

5.1.1 Die Bevölkerungsstruktur

Die Bevölkerungszahl der Republik Südafrika läßt sich nicht definitiv benennen, Schätzungen zufolge lebten im Jahr 1995 von 41,9 Millionen bis 44,7 Millionen Menschen in diesem Land. Auffällig dabei ist eine sehr heterogene Bevölkerungsstruktur.

Schwarzafrikaner sind die weitaus stärkste Volksgruppe, die mit mehr als 30 Millionen Menschen 76, 1 % der Gesamtbevölkerung ausmacht. Sie stellen in allen Provinzen, mit Ausnahme von Western Cape (West-Kap) und Nothern Cape (Nord-Kap), die große Bevölkerungsmehrheit. Zu der schwarzen Bevölkerung sei anzumerken, daß auch sie kulturell und sprachlich keineswegs homogen ist.

Die weiße Bevölkerung hat mit 5,2 Millionen Menschen innerhalb der Gesamtbevölkerung einen Anteil von 12,8 %. Die Weißen sind überdurchschnittlich stark in den Provinzen Gauteng (Johannesburg und Pretoria) und Western Cape (Kapstadt) vertreten.[206] Innerhalb dieser Bevölkerungsgruppe muß zwischen den Buren, die ursprünglich aus den Niederlanden stammen, den anglophonen Südafrikanern, die ursprünglich aus Großbritannien kommen und anderen Bevölkerungsgruppen europäischer Abstammung unterschieden werden. Die Mehrheit der weißen Südafrikaner stellen die Buren („Afrikaner") mit ca. 54 %, gefolgt von den englischsprachigen Südafrikanern mit ca. 36 %.[207]

Neben den großen Bevölkerungsanteilen von Schwarzen und Weißen gibt es noch Farbige (Coloureds) mit 3,5 Millionen Menschen (8,5 %) und Asiaten (vor allem Inder) mit 1 Million Einwohnern (2,6 %).

---

[205] Vgl. Schlosshan, Andrea: „Sport und Apartheid - Geschichte und Problematik der Rassendiskriminierung im Sport in der Republik Südafrika", Frankfurt a. M., 1992, S. 61.
[206] Vgl. Nohlen, Dieter, a.a.O., S. 703.

Bilaterale Entwicklungszusammenarbeit im Sport der BRD mit der RSA

Entsprechend der heterogenen Bevölkerungsstruktur herrscht in der Republik Südafrika eine große Sprachenvielfalt vor. Diese Sprachen sind Afrikaans, Englisch, isiZulu und isiXhosa.[208]

5.1.2 Wirtschaft und Industrie

Die Grundlage der Wirtschaft Südafrikas bilden bis heute seine reichen Bodenschätze, darunter an erster Stelle Gold, gefolgt von Diamanten, Platin, Kohle, Uran und vielen anderen. Der Beitrag der Landwirtschaft liegt Mitte der 90er Jahre bei nur noch 5 % und fällt mit einem Erwerbstätigenanteil von ca. 14 % nicht mehr, wie in der Vergangenheit, groß ins Gewicht. Erhebliche Bedeutung hat derzeit in Südafrika der Dienstleistungssektor.[209]

Die Republik Südafrika weist im afrikanischen Vergleich ein auffällig hohes Pro-Kopf-Einkommen auf. Dieses ist jedoch sehr ungleich verteilt. Grundcharakteristikum der südafrikanischen Sozialstruktur ist die enorm komplexe Verflechtung ethnischer, kultureller, religiöser, ökonomischer und sozialer Elemente. Sie haben sich im Rahmen einer extrem dualistischen Rassen- und Klassengesellschaft herausgebildet. Zum „Erbe der Apartheid" gehören Probleme der Landverteilung, resultierend u.a. aus Zwangsumsiedlungen. Hinzu kommen gravierende, insbesondere die schwarze Bevölkerungsmehrheit betreffende Mängel in den Bereichen Gesundheit, Bildung und Wohnen. Seit 1994 versucht die Regierung der Nationalen Einheit gezielt diese Mängel zu bekämpfen. Die Arbeitslosigkeit lag Mitte der 90er Jahre laut Haushaltsbefragungen bei 33 %. Dabei sind die Schwarzafrikaner mit 41 % im Vergleich zu den anderen Bevölkerungsgruppen über dem Durchschnitt vertreten. Dem soll die neue Politik der „Affirmative Action" entgegenwirken. Hierbei werden stark unterrepräsentierte Gruppen, vor allem Schwarze, bei der Vergabe von Führungspositionen in Staat, Wirtschaft und Gesellschaft bevorzugt.[210]

---

[207] Vgl. Schlosshan, Andrea, a.a.O., S. 64 f.
[208] Afrikaans wird überwiegend von den Buren holländischer Abstammung als Muttersprache gesprochen. Weiße englischer Herkunft und Inder sprechen Englisch. Die Muttersprachen der meisten Südafrikaner sind jedoch isiZulu und isiXhosa, die Sprachen der beiden größten schwarzen Volksgruppen (Zulu und Xhosa). Diese werden in der Übergangsverfassung (1993) und der neuen Verfassung (1996) zu offiziellen Sprachen erhoben. Vgl. Nohlen, Dieter, a.a.O., S. 703.
[209] Ebd., S. 705.
[210] Vgl. Nohlen, Dieter, a.a.O., S. 706.

Konzeptionen zur Sportförderung in der Dritten Welt

5.1.3 Bildungs- und Schulwesen

In den vielen Jahren vor der Demokratisierung war die Politik der Rassendiskriminierung auch im Bildungswesen stark verbreitet. Aus einer eklatanten Bevorzugung von weißen Schülern resultierte eine schlechte Lehrer-Schüler-Relation an schwarzen Schulen. Der schwarze Lehrer mußte im Durchschnitt doppelt so viele Kinder unterrichten wie sein weißer Kollege und bezog dabei ein bedeutend geringeres Salär.[211]
Der prozentuale Anteil von Schülern mit Hochschulreife lag 1988 für Schwarze bei 19 % und für Weiße bei 79,4 %. Der entscheidende Aspekt der ungleichen Ausbildungsmöglichkeiten lag am mangelnden Lehrstoffangebot und an der schlechten Unterrichtsqualität an den schwarzen Schulen. Außerdem war es das Interesse der weißen Führungselite, schwarzen Schülern eine rudimentäre Schulbildung zukommen zu lassen, um sie später als billige Arbeitskräfte einzusetzen. Aus der Sichtweise der Weißen machte es keinen Sinn, daß sich ein schwarzer Mittelstand herausbildete..[212]
Mit der Überwindung der Apartheid jedoch ändern sich die Vorzeichen auch im Bildungswesen. Anfang 1997 tritt das Südafrikanische Schulgesetz in Kraft, welches die Grundlage für die Bildungspolitik im neuen Südafrika darstellt. Zum ersten Mal in der Geschichte des Landes werden alle Schülerinnen und Schüler nach denselben Lehrplänen unterrichtet.
Ende März 1997 veröffentlichte der Erziehungsminister die neuen, für das gesamte Schulwesen geltenden Lehrpläne, die seit 1996 stufenweise über sechs Jahre umgesetzt werden. Das gesamte Vorhaben trägt den Namen „Curriculum 2005".[213]
Diese positive Entwicklung muß jedoch auch kritisch betrachtet werden. Es stellt sich die Frage, inwieweit die teilweise zu verzeichnenden Verbesserungen im Bildungswesen der letzten Jahre wirklich mit dazu beitragen können, die Unterschiede für die verschiedenen Rassen zu egalisieren. Nach Auffassung Andrea Schlosshans ist zu erwarten, daß auch eine konsequente politische Förderung einer schnellstmöglichen Angleichung des schwarzen Bildungssystems an den weißen Standard Jahrzehnte brauchen wird, um eine große Breitenwirkung zu zeigen. Es geht hierbei nicht nur um die Zuweisung von Mitteln, Lehrstellen und Schulgebäuden, sondern auch um gewachsene Traditionen, Gewohnheiten und Einstellungen der Schwarzen, die nicht

---

[211] Vgl. Schlosshan, Andrea, a.a.O., S. 75.
[212] Vgl. Schlosshan, Andrea, a.a.O., S. 76.
[213] Vgl. Südafrikanische Botschaft (Hrsg.): „Das ist Südafrika, Teil 2", Bonn 1998, S. 3 f.

Bilaterale Entwicklungszusammenarbeit im Sport der BRD mit der RSA

ohne weiteres im Sinne eines westlichen, weißen Schul- und Bildungsmodells verändert werden können.[214]

5.2 Sport in Südafrika

Die Republik Südafrika ist gemessen an den hohen Sportteilnehmerzahlen und den finanziellen Investitionen im Sportbereich eine wahre Sportnation. Ein freundliches, relativ gemäßigtes Klima des Landes erlaubt regelmäßiges und häufiges Sporttreiben. Die südafrikanischen Sportanlagen – ehemals ausschließlich für die weißen Südafrikaner – zählen zu den besten der Welt.
Jedoch wurde auch der Sport durch die rassendiskriminierende Apartheidpolitik der weißen Regierung Südafrikas in starkem Maße determiniert. Daraus resultierte, daß der Bereich des Sports heute eine Heterogenität aufweist, die sich in der rassistisch geprägten geschichtlichen Tradition spiegelt.[215]
Während der Übergangsphase ab 1989 unter dem Politiker de Klerk entwickelten sich nach den politischen Neuerungen sportliche Strukturen, die gemischt-rassische Wettkämpfe und Sportorganisationen ermöglichten. Dennoch wurden Diskriminierungen weder im Sport noch in anderen Gebieten vollends aufgehoben. Noch immer waren die Schwarzen sozial und finanziell gegenüber den Weißen benachteiligt. Der qualitativen und quantitativen Weiterentwicklung des südafrikanischen weißen Sportwesens stand eine eklatante Unterentwicklung des schwarzen Sports gegenüber.
Seit dem Jahr 1994 hat sich jedoch aufgrund der politischen Veränderungen ein demokratisches Sportwesen ohne Rassenschranken in Südafrika etabliert. Die nationalen Sportdachverbände sind mittlerweile größtenteils in schwarzer Hand. Dennoch muß bis heute als Faktum dargestellt werden, daß im Bereich des Sports für die schwarze Bevölkerung noch erhebliche Entwicklungsarbeit zu leisten ist.[216]
Der weitere Verlauf dieses Kapitels gibt nun eine Zusammenfassung der verschiedenen geschichtlich-politischen Phasen des südafrikanischen Sports.

---

[214] Vgl. Schlosshan, Andrea, a.a.O., S. 77.
[215] Vgl. Schlosshan, Andrea, a.a.O., S. 103.
[216] Ebd., S. 106.

Konzeptionen zur Sportförderung in der Dritten Welt

5.2.1 Bewegungskulturen der autochthonen Völker des südlichen Afrika

Vor der Zeit des Kolonialismus lebten im südlichen Afrika autochthone Völker, die über eine traditionelle Körperkultur verfügten.[217] Diese war tief in der Arbeits- und Lebensweise der Völker verwurzelt und besaß einen sehr hohen praktischen Stellenwert. Die Bedeutung der Körperübungen für die traditionellen Gesellschaften ergab sich aus der sogenannten „Überlebensphilosophie". Auf dieser Basis war die gesamte Kultur und in ganz besonderer Weise die Körperkultur ausgerichtet.[218]

Nach Auffassung Peter Rummelts waren Arbeit und Freizeit entscheidend durch den täglichen Einsatz des Körpers so in der gesamten Lebensweise verankert, daß es aus seiner Sicht gerechtfertigt erscheint, die traditionellen Körperübungen zu den Grundlagen des sozialen Lebens der Eingeborenen zu zählen. Die unterschiedlichsten Körperübungen bei den Autochthonen standen in vielfältiger Korrelation zu verschiedenen Funktionen. Dabei unterteilt Rummelt diese Funktionen der Körperübungen in politisch-militärische, ökonomische, soziale, kulturelle und erzieherische, die in Abhängigkeit von den natürlichen Umweltbedingungen stehen.[219]

Die nun unterschiedlichen Körperkulturen der im südlichen Afrika lebenden Stämme hier anzuführen, würde den Rahmen meiner Arbeit sprengen. Entscheidend ist in diesem Zusammenhang aber, daß auf die Existenz von Körperkulturen vor Einführung des europäischen Sports hingewiesen wurde. Für detailliertere Informationen zu dieser Thematik verweise ich auf die Arbeit von Peter Rummelt „Sport im Kolonialismus - Kolonialismus im Sport" aus dem Jahr 1986.

5.2.2 Die Anfänge des Sports in Südafrika

In der Zeit zwischen 1800 und 1902 annektierten die Briten das Gebiet des heutigen Südafrikas und führten dabei den modernen Sport ein. Besonders das englische Bürgertum entwickelte sich im sogenannten Viktorianischen Zeitalter zum Förderer des Sports. Gerade im südlichen Afrika etablierte sich der britisch geprägte Sport sehr

---

[217] Vgl. hierzu Kapitel 4.1.1 „Wandel der afrikanischen Bewegungskultur aufgrund von Kolonialismus und anderer Einflüsse" meiner Arbeit.
[218] Vgl. Rummelt, Peter: „Sport im Kolonialismus – Kolonialismus im Sport", Köln 1986, S. 63.
[219] Vgl. Rummelt, Peter: „Sport im Kolonialismus – Kolonialismus im Sport", Köln 1986, S. 64.

schnell, da sich dort der europäisch koloniale Kapitalismus infolge von Diamanten- und Goldfunden rasch ausbildete.[220]

Mit der Einführung des modern-abendländischen Sports wurden auch die mit ihm verbundenen Wertvorstellungen und politisches Gedankengut der britischen Mittelklasse, des Großbürgertums und der Aristokratie nach Südafrika eingeführt. Die europäische Überlegenheitsideologie der Briten im kolonialen Afrika spiegelt sich auch in der Entwicklung des Sports wieder. Exklusive Sportarten wie Tennis, Kricket, Golf, Rugby und Pferderennen fanden durch die britischen Kolonialbeamten schelle Verbreitung.[221]

Dagegen war der Fußball nicht mit dem elitären Prestige wie Kricket und Rugby behaftet. Fußball wurde eher von der übergroßen Mehrheit der nichtweißen Bevölkerung begeistert aufgenommen. Die Entwicklung des Fußballsports im Süden Afrikas während der Anfangszeit des Kolonialismus zeigte dabei, wie eng eine Kausalität zwischen der sozialen Schichtung und der Wahl der Sportart war.[222]

Von einer absoluten Rassentrennung im Sport zwischen den weißen Kolonialherren und den schwarzen Eingeborenen konnte jedoch nach Auffassung Andrea Schlosshans noch keine Rede sein. Obwohl sich die Kolonialpolitik als eine Politik des „divide et impera" darstellte, erlaubten die Kolonialherren einer „schwarzen Elite" die Teilnahme an ihrem Sportgeschehen. Die Schwarzen waren dabei aber nicht gleichberechtigt mit den weißen Sportlern. Trotzdem genossen sie im Gegensatz zu vielen ihrer schwarzen Stammesmitglieder bestimmte Privilegien. Sport war außerdem Bestandteil des Lehrplans an den britischen Missionsschulen nach deren Einführung Anfang des 19. Jahrhunderts. Diese Schulen waren für die Erlernung und Ausübung von Sport für Schwarze eine wichtige Sozialisationsagentur.[223]

Durch betont europäisches Auftreten im öffentlichen Leben und durch Ausübung der explizit aristokratischen Sportarten versuchten die Briten, eine Identifikation der Schwarzen mit den zivilisierten Werten der Kolonialherren zu erreichen. Jedoch entwickelte sich damit auch eine Entfremdung vom eigenen kulturellen und sozialen Umfeld.

Von Anfang bis Mitte des 19. Jahrhunderts etablierten sich Sportarten wie Reitsport und Kricket. Rugby und Fußball entstanden in Südafrika etwas später um 1860 und avancierten zusammen mit Kricket zu den Hauptsportarten. Sie wurden in erster Li-

---
[220] Vgl. Schlosshan, Andrea, a.a.O., S. 109.
[221] Vgl. Schlosshan, Andrea, a.a.O., S. 110.
[222] Vgl. Rummelt, Peter: „Sport im Kolonialismus – Kolonialismus im Sport", a.a.O., S. 144 f.

Konzeptionen zur Sportförderung in der Dritten Welt

nie von den britischen Emigranten ausgeübt, wobei Fußball eine Ausnahme bildete und größtenteils von der schwarzen Bevölkerung gespielt wurde. Sportarten wie Leichtathletik, Tennis und Radsport u.a. erschienen mehrheitlich zwischen 1860 und 1900, einer Periode intensiver britischer imperialistischer Expansion.[224]
In den Jahren zwischen 1875 und 1885 entwickelte sich der Sport in Südafrika zur sozialen Institution. In diesem Jahrzehnt wurden die ersten Vereine in den Sportarten Rugby, Fußball, Tennis u.a. gegründet. 1908 bildete sich das südafrikanische Olympiakomitee, welches ausschließlich aus weißen Repräsentanten bestand. In diesem Jahr nahm Südafrika zum ersten Mal, und ab dann regelmäßig bis 1960 mit einer rein weißen Mannschaft an den Olympischen Spielen teil.
Während der weiße Sport in Südafrika durch die Gründung von nationalen Vereinen und Verbänden in den achtziger und neunziger Jahren des 19. Jahrhunderts immer mehr Struktur annahm, mußten die nichtweißen Sportler ihren Sport getrennt organisieren.[225]
Andreas Krumpholz merkt in diesem Zusammenhang in seiner Arbeit „Apartheid und Sport" an, daß die Gesellschaft des Vielvölkerstaates Südafrika bereits seit ihren Anfängen geteilt war. Auch der Bereich des Sports machte in dieser Hinsicht keine Ausnahme, weil auch er in der Zeit vor 1948, in der noch keine Gesetze den gemischtrassischen Sport verhinderten, nach Rassen getrennt ausgeführt wurde. Mit der Einführung der Politik der Apartheid im Bereich des Sports in den Jahren nach 1948 wurde insofern ein Zustand gefestigt, dem die soziale Wirklichkeit in Südafrika bereits entsprach.[226]

5.2.3 Sport und Apartheid in Südafrika

Als im Jahr 1948 die National Party die Macht in Südafrika übernahm, brauchte sie die Politik der Apartheid im Sport nicht mehr explizit einzuführen. Sport war ja bereits, wie im vorherigen Kapitel erwähnt, fast ausschließlich innerhalb der jeweiligen Bevölkerungsgruppen getrennt ausgeübt worden. Die von der National Party nach

---

[223] Vgl. Schlosshan, Andrea, a.a.O., S. 111.
[224] Vgl. Schlosshan, Andrea, a.a.O., S. 113.
[225] Ebd., S. 115 f.
[226] Vgl. Krumpholz, Andreas: „Apartheid und Sport : Rassentrennung und Rassendiskriminierung im südafrikanischen Sport sowie der Sportboykott Südafrikas", München 1991, S. 7.

Bilaterale Entwicklungszusammenarbeit im Sport der BRD mit der RSA

1948 erlassenen Apartheid-Gesetze nahmen daher zu Beginn nicht gezielt Einfluß auf die Ausübung des Sports. Erst ab Mitte der 50er Jahre kann von einer Sportpolitik der südafrikanischen Regierung gesprochen werden. Dieser Umstand ist damit zu erklären, daß der internationale und nationale Druck auf die südafrikanische Sportpolitik zunahm. Es wurden Veränderungen gefordert, welche die Repräsentation auch von schwarzen Sportlern bei internationalen Wettkämpfen ermöglichen sollte. Anfang der 60er Jahre folgte von nicht-weißen Bevölkerungsgruppen die Gründung gemischt-rassischer Verbände. Da die politische Führung die wirtschaftliche und politische Vorherrschaft der Weißen in Gefahr sah, wurden die Aktivitäten dieser nichtrassistischen Sportbewegungen (SASA, SACOS, SANROC etc.)[227] von Seiten der Regierung erheblich behindert bzw. unterbunden. Zur Bekämpfung dieser Entwicklungen von Widerstand setzte die südafrikanische Regierung nun Maßnahmen ein, welche die Politik der Rassentrennung auch im Sport umsetzen sollte. Die Apartheid-Regierung erzwang gegen die Oppositionen den Alleinvertretungsanspruch der Verbände der Weißen in den internationalen Sportorganisationen.

Diese Phase der Konsolidierung der Apartheid im Sport und der Sicherung der ausschließlichen Repräsentation von weißen Südafrikanern im internationalen Sport dauerte bis Mitte der 60er Jahre. Dann erst folgte die sukzessive Isolierung des südafrikanischen Sports von der übrigen Welt.[228]

Zu dieser Zeit war es der Mehrheit der südafrikanischen Bevölkerung nicht möglich, einen Sport zu den gleichen Bedingungen wie die privilegierte weiße Minderheit auszuüben. Hinzu kam, daß die Schwarzen nicht das Recht besaßen, trotz hervorragender sportlicher Leistung ihr Land international vertreten zu dürfen.

Die erste offizielle sportbezogene Erklärung gab der damalige südafrikanische Innenminister Donges im Jahr 1956 ab, indem er gemischtrassische Sportkontakte sowohl auf Wettkampf- als auch auf administrativer Ebene untersagte:

---

[227] Mit der South African Sports Association (SASA) wurde 1958 erstmals eine organisierte, antirassistisch konzipierte Widerstandsbewegung ins Leben gerufen. Dabei repräsentierte sie 70000 Sportler aus verschiedenen Disziplinen. Im Jahr 1979 entstand das South African Council On Support (SACOS), welches sich verschärft für integrierten Sport auf allen Ebenen einsetzte. Das South African Non-Racial Olympic Committee (SANROC) wurde aus dem Londoner Exil zum Symbol für den Widerstand gegen die weiße Sporthegemonie. Vgl. Schlosshan, Andrea, a.a.O., S. 142-149.
[228] Vgl. Krumpholz, Andreas, a.a.O., S. 10 f.

Konzeptionen zur Sportförderung in der Dritten Welt

1. Weiße und Nichtweiße müssen ihren Sport getrennt organisieren.
2. Es wird kein gemischter Sport in Südafrika gestattet.
3. Internationale Mannschaften, die in Südafrika gegen Südafrikaner antreten, müssen weiß sein, wie es der Sitte des Landes entspreche. Südafrikaner, die im Ausland antreten, passen sich den Gepflogenheiten des jeweiligen Gastlandes an, d.h. sie würden gegebenenfalls auch gegen gemischtrassische Mannschaften antreten.
4. Im Ausland wird Südafrika von keinen gemischtrassischen Mannschaften repräsentiert.
5. Nichtweiße Sportler aus dem Ausland können gegen nichtweiße Südafrikaner antreten.
6. Nichtweiße Sportorganisationen, die internationale Anerkennung fordern, müssen dies durch die weißen Sportverbände beantragen.
7. Der Staat behält es sich vor, schwarzen bzw. nichtweißen Sportlern die Reisedokumente zu verweigern, wenn diese dem Ansehen Südafrikas schaden können.[229]

Diese Erklärung Donges bildete auch später die Basis für die staatliche Sportpolitik. Bis in die jüngste Zeit Anfang der 90er Jahre wurde die Republik Südafrika bei ausländischen Wettbewerben durch eine rein weiße Mannschaft repräsentiert.[230]
Was die staatlich getragene finanzielle Förderung des Sports anbetraf, floß der Großteil der Gelder zu Zeiten der Apartheid in den weißen Sport. Der schwarze Sport erfuhr im Gegensatz dazu eine vergleichsweise marginale Unterstützung. Ungleichheiten bestanden ebenfalls bei der Verteilung der Sportanlagen auf die verschiedenen Bevölkerungsgruppen. Fast alle wichtigen und großen Sportanlagen in Südafrika (Leichtathletik-Stadien, Rugbyfelder, Cricketfelder, Schwimmbäder u.a.) standen ausschließlich weißen Sportlern zur Verfügung. Eine der wenigen Ausnahmen bildete der Fußball, der bei den Weißen nicht so populär war.[231]
Das Beharren Südafrikas auf seiner Politik der Rassentrennung trotz heftiger internationaler Proteste bewirkte im sportlichen Bereich, wie schon kurz angedeutet, eine nahezu vollständige Isolation. Der Internationale Fußball-Verband hatte in den 60er Jahren die Mitgliedschaft des weißen südafrikanischen Fußball-Verbandes suspen-

---

[229] Schlosshan, Andrea, a.a.O., S. 126 f.
[230] Vgl. Schlosshan, Andrea, a.a.O., S. 125 f.
[231] Vgl. Krumpholz, Andreas, a.a.O., S. 80.

Bilaterale Entwicklungszusammenarbeit im Sport der BRD mit der RSA

diert. Im Jahr 1964 wird Südafrika von den Olympischen Spielen in Tokio ausgeschlossen. Diesem negativen Höhepunkt der Auseinandersetzungen mit dem Weltsport folgte im Jahr 1970 auf dem IOC-Treffen in Amsterdam der gänzliche Ausschluß der Republik Südafrika von den Olympischen Spielen. Damit wurde dieser Staat zum ersten Land in der Geschichte jener international so bedeutenden Sportspiele, das auf diese Weise vom weltweiten Sportgeschehen isoliert wurde.[232]

5.2.4 Der südafrikanische Sport im Umbruch

Als im Jahr 1989 Frederik Willem de Klerk Präsident von Südafrika wurde, trieb er eine Reformpolitik voran, welche die Grundlage des Apartheidsystems in Frage zu stellen begann.[233] Diese politischen Veränderungen betrafen auch die Politik des Sports, dem sich nach vielen Jahren nun die erste Möglichkeit bot, Rassendiskriminierung zu überwinden und einen gemeinsamen Weg zu internationalen Sport-Wettkämpfen zu begehen.

Für diese Reinkarnation Südafrikas auf der internationalen Sportebene forderte jedoch das International Olympic Committee (IOC) von der Republik Südafrika explizit den Abbau der Rassentrennung im Sport und die Abschaffung der Apartheid. Diese Bedingungen waren Voraussetzung für eine mögliche Wiederzulassung des SANOC (South African National Olympic Committee)[234] zu den Olympischen Spielen. Zu Beginn des Jahres 1990 entwickelte sich nach Jahren der Rassen-diskriminierung eine erste Kommunikation zwischen den gespaltenen Sportlagern Südafrikas. Auslöser hierfür waren Gespräche zwischen SANOC (South African Olympic Committee), SANROC (South African Non-Racial Olympic Committee) und dem IOC auf einer Konferenz am 09. Januar 1990 in Paris. Diese gute Verständigung zwischen den drei Parteien ließ auf eine positive Entwicklung im südafrikanischen Sport hoffen.[235]

---

[232] Vgl. Schlosshan, Andrea, a.a.O., S. 202 f.
[233] Vgl. Haape, Johannnes (Hrsg.): „Südafrika", München 1996, S. 44.
[234] Das SANOC existierte seit 1908 und nahm bis 1960 an den Olympischen Spielen teil. Seit dem Ausschluß setzte es sich mit Hilfe der Regierung für eine Wiederzulassung zu den Spielen ein. Vgl. Schlosshan, Andrea, a.a.O., S. 392.
[235] Vgl. Schlosshan, Andrea, a.a.O., S. 388.

Konzeptionen zur Sportförderung in der Dritten Welt

Nach einer Inspektionsreise des IOC-Komitees im März 1991, die den Delegierten zur Information der sportlichen Zustände vor Ort dienen sollte, wurde Südafrika am 09. Juli 1991 eine Wiederzulassung zu den Olympischen Spielen ausgesprochen. Damit gliederte sich dieser Staat nach 31 Jahren sportlicher Isolation erneut in die Olympische Gemeinschaft ein. Mit NOCSA (National Olympic Committee of South Africa) bildet sich am 09. Juli 1991 ein neues Olympisches Komitee, welches aus INOCSA[236] hervorging und Südafrika nun beim IOC vertritt.[237]

Zu diesem Zeitpunkt fehlte jedoch noch immer ein Verband, der die nicht olympischen Sportarten repräsentierte. Zu diesem Zweck waren Gespräche im Gange, aus COSAS (Confederation of South African Sport), SACOS (South African Congress On Sport) und dem NOSC (National Olympic and Sports Congress, früher NSC) einen neuen nationalen Dachverband zu gründen. Bei Etablieren dieses zweiten Dachverbandes neben NOCSA sollten sich die „alten" Verbände wie SACOS, NOSC und COSAS auflösen.[238]

Die Mehrheit der Südafrikaner begrüßte die baldige Wiederzulassung zur internationalen Sportarena. Dennoch fielen kritische Worte von Seiten des SACOS, der feststellte, daß eine Normalisierung der Sportverhältnisse noch nicht eingetreten sei. Es wird noch Generationen dauern, bis sich das von der Apartheid geprägte Land in jeder Hinsicht normalisiert haben wird und die Rassenschranken vollends überwunden sein werden. In diesem Zusammenhang äußerte Sam Ramsamy, Präsident von NOCSA, daß die Einheit des Sports in Südafrika Priorität vor internationaler Teilnahme an Wettbewerben genieße.[239]

Zu diesem Zeitpunkt stand bereits fest, daß große Geldmittel für die Zukunft benötigt werden würden, um die Sportanlagen in den schwarzen Wohngebieten annähernd dem Status der weißen Sporteinrichtungen anzugleichen.[240]

---

[236] INOCSA steht für Interim National Olympic Committee of South Africa. INOCSA ging hervor aus einem Zehn-Mann-Gremium unter dem Namen South African Coordinating Committee (SACC). Dieses Zehn-Mann-Gremium, welches sich aus den Organisationen SACOS, NSC, SANOC, SANROC und COSAS zusammensetzte, sollte einen Konsens finden für die Gründung eines repräsentativen nationalen Sportverbandes. Ebd., S. 393.
[237] Vgl. Schlosshan, Andrea, a.a.O., S. 396.
[238] Ebd., S. 397.
[239] Vgl. Schlosshan, Andrea, a.a.O., S. 398.
[240] Ebd., S. 398.

Bilaterale Entwicklungszusammenarbeit im Sport der BRD mit der RSA

5.2.5 Sport in Südafrika nach der Apartheid: Die gegenwärtige Situation

Als nun am 24. April 1994 die ersten demokratischen Wahlen in Südafrika stattfinden und Nelson Mandela vom ANC (African National Congress) mit 62 % der Stimmen zum Präsident gewählt wird, ändern sich auch parallel zum politischen Demokratisierungsverfahren die Sportstrukturen.

Im Jahr 1994 etabliert sich als nationaler Dachverband für den Sport in Südafrika das National Sports Council of South Africa (NSC) und löst somit die vielen verschiedenen, teilweise gespaltenen Lager des südafrikanischen Sports ab. Der NSC bietet durch seine eigenen, politisch unabhängigen Strukturen und durch seine Mitglieder ein freies Sportsystem in Südafrika an. Dabei werden die inzwischen 92 nationalen Sportfachverbände (National Sport Macrobodies), wie zum Beispiel der nationale Fußballverband SAFA (South African Football Association), vom National Sports Council of South Africa (NSC) organisiert.[241]

Der NSC hat den Anspruch, alle Sportarten zusammenzubringen und den größtmöglichen Nutzen aller Südafrikaner zu gewährleisten. Seine Verantwortlichkeiten beinhalten Planung des Sports, Sportförderung im eigenen Land, Vorbereitung der südafrikanischen Sportmannschaften zur Teilnahme an Sport-Wettkämpfen in ganz Afrika und bei Commonwealth-Spielen sowie die Interessenvertretung des allgemeinen Vorteils vom Sport in Südafrika selbst. Das Ziel des NSC ist es, das Leben der Südafrikaner durch Qualität und lebenslange Sportteilnahme zu bereichern, welche die individuelle Entwicklung zu einer Sportpersönlichkeit und einer Persönlichkeit in der Gesellschaft erleichtert.[242]

Um das Vorhaben der Sportförderung nun im eigenen Land umzusetzen, entwickelte der südafrikanische Sportdachverband eine Konzeption, die sich „Protea Sport" nennt. Dieser Entwurf dient dazu, den südafrikanischen Leistungssport ab der Jugend aufwärts zu unterstützen und zu fördern. Um dabei den verschiedenen Ebenen des Sports gerecht zu werden, wurde „Protea Sport" vom NSC in vier differenzierte Programme eingeteilt.[243]

---

[241] Vgl. http:// www.sportsa.co.za/nsc2/about.html. [Stand: 03.10.1999].
[242] Vgl. NSC (National Sports Council of South Africa) (Hrsg.): „Protea Sport", Faltblatt, siehe Anhang I.
[243] Darstellung der vier Programme von „Protea Sport": Für die Sportförderung der Jugend wurde „Sport Pioneers" eingeführt. „Isizwe Stars" beinhaltet Förderprogramm von Sporttalenten im Alter zwischen 15 und 21 Jahren. Zur Unterstützung von Profikarrieren im Sport und auch für die Zeit danach gibt es von „Protea Sport" das Programm „Dinaledi". „Protea Mmuso" dient der Schulung von Sportverantwortlichen im Bereich Training, Sportverwaltung und Repräsentation des Sports. Vgl. NSC (Hrsg.), Faltblatt, a.a.O., siehe Anhang I.

Konzeptionen zur Sportförderung in der Dritten Welt

Unter dem Motto „Getting South Africa to Play" hat sich nach 1994 auch ein Programm für den südafrikanischen Breitensport etabliert, welches auf einer Partnerschaft zwischen dem NSC und dem Department of Sport and Recreation (DSR) basiert.[244] Im April 1995 veröffentlichte das südafrikanische Sportministerium (DSR), welches am 01.07.1994 mit Sitz in Pretoria gegründet wurde, das sogenannte 19 Seiten umfassende „White Paper". In dieser ersten, politisch-offiziell ausgearbeiteten Konzeption manifestiert sich die Förderung des Sports in ganz Südafrika. Das „White Paper", das in Zusammenarbeit mit dem NSC und dem NOCSA erstellt wurde, enthält mit dem bereits erwähnten Leitsatz „Getting the Nation to Play" als Überschrift den Entwurf zu verschiedenen Sportförder-Projekten im ganzen Land. Die Umsetzung der Inhalte in die Praxis soll darauf abzielen, mehr als 35 Millionen Südafrikaner von der Basis bis hin zum Leistungssport systematisch in den Sport einzugliedern. Dabei sind für die Integration der Menschen in den Sport Gesundheit und Freude die höchsten Maxime.[245]

Der Sport in Südafrika wird nun, so läßt sich resümierend aussagen, demokratisch und ohne Rassenschranken von den drei Dachverbänden Department of Sport and Recreation (DSR), National Sport Council of South Africa (NSC) und National Olympic Committee of SA (NOCSA) repräsentiert. Die Apartheid scheint dabei überwunden zu sein. Man sollte aber nicht aus den Augen verlieren, daß sich mit dem Abbau der gesetzlichen Rassenschranken nicht gleichzeitig die Ungerechtigkeiten von einem Tag auf den anderen aufheben lassen konnten. Die Politik der Rassendiskriminierung über einen Zeitraum vieler Jahre ist noch tief in den Menschen verankert. Hinzu kommt, daß dem Großteil der schwarzen Bevölkerung aufgrund der vorherigen Lebensumstände die Erfahrung und das Wissen fehlt, die sich nun offenbarenden neuen Möglichkeiten in Politik und Wirtschaft u.a. entsprechend effektiv zu nutzen. In diesem Zusammenhang muß auch der Sport angeführt werden, der auf einer gemeinschaftlichen Ebene einenAufbruch vollzogen hat. Auch bei ihm bedarf es noch viel Zeit, Geduld und auch Hilfestellung von außen, um die sich nun bietenden Ressourcen des „neuen" Südafrika erfolgreich in der Zukunft abrufen zu können.

---

[244] Vgl. http://www.sportsa.co.za/nsc2/ object.html [Stand: 03.10.1999].
[245] Vgl. http://www.dsr.gov.za/docs/paper.html [Stand: 03.10.1999].

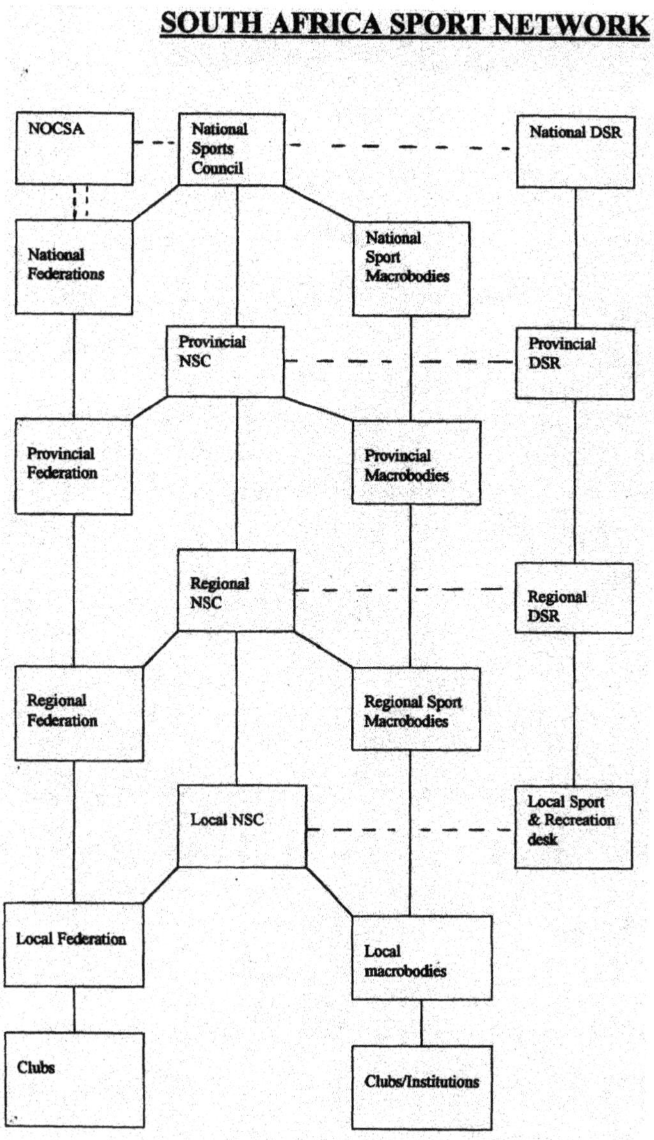

SOUTH AFRICA SPORT NETWORK

Abb. 2 : Die Sportstrukturen Südafrikas, NSC 1998

Konzeptionen zur Sportförderung in der Dritten Welt

Auf das Einsetzen der Demokratisierungsphase innerhalb der Republik Südafrika Anfang der 90er Jahre reagierte die Bundesrepublik Deutschland mit der Aufnahme diplomatischer Beziehungen. Ihnen folgten verschiedene Entwicklungshilfeprojekte, die nun im folgenden Unterkapitel 5.3 kurz angesprochen werden.

5.3 Deutsche bilaterale Entwicklungszusammenarbeit mit der Republik Südafrika

Die außenpolitischen Bemühungen der Bundesrepublik Deutschland zielten in der Vergangenheit darauf ab, die Apartheid in Südafrika zu überwinden und ihre sozialen und wirtschaftlichen Folgeschäden zu beseitigen. Aktiv hat sie dabei den Dialogprozeß unterstützt, der zur Aufhebung der Apartheid und zu den ersten allgemeinen, freien Wahlen im April 1994 führte. Bis zu diesem Zeitpunkt fand keine Zusammenarbeit mit der damaligen südafrikanischen Regierung statt.[246]

Erst im Zuge des Reformprozesses in Südafrika wird 1992 die offizielle bilaterale Entwicklungszusammenarbeit aufgenommen. Nach drei Regierungsver-handlungen bis 1997 wird der kontinuierliche Ausbau der entwicklungspolitischen Beziehungen gleichzeitig durch den Abschluß eines Rahmenabkommens über die Technische Zusammenarbeit (TZ) bekräftigt. Im Mittelpunkt dieser Zusammenarbeit stehen Programme und Projekte zur Beseitigung der sozialen und wirtschaftlichen Folgeschäden der jahrzehntelangen Apartheidpolitik. Schwerpunkte dabei sind:[247]

- Grundbildung und berufliche Ausbildung
- Förderung des Privatsektors
- Regierungs- und Verwaltungsberatung mit Schwerpunkt Wirtschaftspolitik
- Hausbau- und Infrastrukturentwicklung sowie
- Ländliche Entwicklung und Management natürlicher Ressourcen[248]

Neben den neu entstandenen entwicklungspolitischen Beziehungen zu Südafrika von Seiten der Bundesregierung seit Anfang der 90er Jahre haben sich auch im Bereich des Sports verschiedene Projekte der Entwicklungszusammenarbeit in dem Land am

---

[246] Vgl. Sympathie Magazin Nr. 31: „Südafrika verstehen", Hrsg.: Armin Vielhaber, München 1995, S. 28.
[247] Vgl. BMZ (Hrsg.): „Jahresbericht 1997", Bonn 1996, S. 26.
[248] Vgl. BMZ (Hrsg.): „Jahresbericht 1997", Bonn 1998, S. 26.

Bilaterale Entwicklungszusammenarbeit im Sport der BRD mit der RSA

Kap etabliert. Diese werden nun in dem folgenden sechsten und letzten Kapitel meiner Arbeit vorgestellt.

Konzeptionen zur Sportförderung in der Dritten Welt

Bilaterale Entwicklungszusammenarbeit im Sport der BRD mit der RSA

6. Bundesdeutsche bilaterale Entwicklungszusammenarbeit im Sport mit der Republik Südafrika

Durch die Aufnahme der diplomatischen Beziehungen von Seiten der Bundesrepublik Deutschland mit der Republik Südafrika Anfang der 90er Jahre haben sich in Südafrika seit 1995 drei bilaterale Projekte in der Entwicklungszusammenarbeit im Sport etabliert.

Da ist zum einen die Langzeitmaßnahme im Auftrag des Auswärtigen Amtes (AA) zu nennen, die vom NOK für Deutschland betreut wird. Bei dieser Maßnahme handelt es sich um Sportförderung im Fußball, wobei der Langzeitexperte ein ausgebildeter DFB-Trainer ist und den südafrikanischen Fußballverband bei der Trainerausbildung unterstützt. Über Einführungs-trainerlehrgänge zielt seine Arbeit darauf ab, die Ausbildung von Fußballehrern bis hin zum Nationaltrainer zu professionalisieren und somit das Niveau des Leistungssports zu verbessern.

Das Centrum für internationale Migration und Entwicklung (CIM) fördert in Kapstadt eine Integrierte Fachkraft, die an der Universität als Dozentin und Entwicklungshelferin im Sport angestellt ist. Die Langzeitmaßnahme wird über das Bundesministerium für wirtschaftliche Zusammenarbeit (BMZ) finanziert. Der Aufgabenbereich der Integrierten CIM-Fachkraft ist Sportverwaltung, wobei sich die Projektmaßnahmen ausschließlich auf den Breitensport in Form von Lehrerfortbildung und Programmen für Straßenkinder u.a. konzentrieren.

Das dritte Projekt umfaßt eine Sportfördermaßnahme auf Landesebene. Die Sportjugend NRW (Nordrhein-Westfalen) hat mit jungen Erwachsenen, die unentgeltlich als Sporttrainer in Südafrika für einen bestimmten Zeitraum aktiv sind, das Projekt SPACE in Zusammenarbeit mit dem südafrikanischen Partner der Stadtverwaltung Nelspruit etabliert. Hierbei wird in bestimmten Sportarten vor allem die Jugend gefördert, wobei der Sport als Prävention von Gewalt dient.

Diese drei Maßnahmen haben eines gemeinsam, sie fördern den Sport in Südafrika. Auffällig ist jedoch, daß sie sich in ihrer Konzeption sehr deutlich unterscheiden. Dabei werden von Leistungssport- über Breitensport- bis hin zur Jugendsportförderung verschiedenste Bereiche abgedeckt.

Dieses Kapitel gewährt dem Leser einen Einblick in die tägliche Umsetzung der Projektarbeit vor Ort und gibt ihm somit einen praxisnahen Bezug zu den im dritten

Kapitel meiner Arbeit beschriebenen theoretischen Konzeptionen. Sehr interessant ist hierbei die unterschiedliche Umsetzung der drei Projekte.

Die Beschreibung der Arbeit in Südafrika bezieht sich immer nur auf einen bestimmten Zeitraum, da die Projekte entweder z.Z. noch laufen oder mir keine weiteren Informationen mehr zur Verfügung standen. Dennoch wird auch ohne die Vollständigkeit aus meiner Sicht die pragmatische Umsetzung der verschiedenen Konzeptionen von Sportfördermaßnahmen in der Republik Südafrika sehr deutlich.

6.1 Fußball-Langzeitprojekt im Auftrag des Nationalen Olympischen Komitees (NOK) für Deutschland

Seit 1997 führt das Nationale Olympische Komitee (NOK) für Deutschland im Auftrag des Auswärtigen Amtes (AA) ein Fußball-Langzeitprojekt in der Republik Südafrika durch. Die Laufzeit für dieses Projekt, welches von dem Experten Horst Kriete betreut wird, ist bis zum Jahr 2001 geplant.[249]

6.1.1 Aufgabenfeld des deutschen Langzeitexperten in Südafrika

Zwischen dem NOK für Deutschland und dem Partner in Südafrika, dem südafrikanischen Fußballverband (SAFA), wurde eine Arbeitsplatzbeschreibung für den Einsatz im Rahmen des Fußball-Langzeitprojektes vereinbart.
Darin werden vom Leiter der Trainerausbildung, Horst Kriete, folgende technische Funktionen/Aufgaben erwartet (Orginaltext):[250]

- Intellectualising a unified South African coaching philosophy;
- Establishing a dynamic and functional SAFA Department of Coach Education & Development;
- Developing an integrated coaching education system and procedure;
- Coordinating membership for the Coaching & Development Programme across the various South African coaching organisations;

---

[249] Vgl. http://www.nok.de/komitee/entwicklungshilfe/110299.htm [Stand: 17.08.1999].
[250] Vgl. NOK für Deutschland: „Job-Description", siehe Anhang I.

Bilaterale Entwicklungszusammenarbeit im Sport der BRD mit der RSA

- Preparing a coach education syllabus in accordance with the FIFA approved three level format;
- Developing a programme of coach education activities;
- Implementing a system of licensing for coaching professionals;
- Producing video and print coaching instruction material;
- Monitoring and evaluating progress/success;
- Training a successor from the SAFA structures;
- Overall, assisting in the unification of South African Coaching;
- Developing a Register of Coaches.[251]

Der Schwerpunkt für den 4-jährigen Einsatz von Horst Kriete liegt in der Entwicklung, Ausarbeitung und in der Umsetzung eines einheitlichen Ausbildungssystems für Qualifikationen von Trainern des nationalen SAFA-Verbandes. Der Lehrplan für die Trainerausbildung wird in Übereinstimmung mit der bewährten FIFA-Trainerausbildungskonzeption erarbeitet. Daraus soll ein eigenes südafrikanisches Lizenzsystem für Trainerqualifikationen hervorgebracht werden.

Offiziell heißt es von Seiten des SAFA-Verbandes zu diesem bilateralen Abkommen in der Fußballförderung zwischen der Bundesrepublik Deutschland und der Republik Südafrika:

Ein nationaler Trainerverband (a national Coaches Association) von SAFA arbeitet eng zusammen mit dem deutschen Trainer Horst Kriete, um landesweit Trainerausbildungsprogramme zu beaufsichtigen, die seit 1997 mit Einführungskursen in jeder der 25 SAFA-Regionen aufgenommen wurden. Die Arbeit von Horst Kriete soll dem SAFA-Verband helfen, einen Trainerausbildungs-Lehrplan über drei Lizenzebenen aufzubauen, welcher schließlich von südafrikanischen Trainerausbildern übernommen und weitergeführt wird.[252]

Bevor ich nun explizit auf die praktische Umsetzung der Arbeit von Horst Kriete vor Ort anhand der Projektfortschrittsberichte Nr. 4-6[253] eingehen werde, halte ich es an dieser Stelle für sinnvoll, zuerst einmal den südafrikanischen Partner vorzustellen.

---

[251] Vgl. NOK für Deutschland: „Job-Description", siehe Anhang I.
[252] Vgl. SAFA (Hrsg.): „South African Football Association", Johannesburg 1998, S. 32.
[253] Die Südafrika-Projektfortschrittsberichte Nr. 4 bis 6 von Horst Kriete wurden mir für meine Arbeit von Seiten des NOK für Deutschland zur Verfügung gestellt.

Konzeptionen zur Sportförderung in der Dritten Welt

6.1.2 Der südafrikanische Partner: South African Football Association (SAFA)

Fußball ist der nationale Sport und die nationale Leidenschaft des Landes Südafrika. Millionen von Fans unterstützen die lokalen Fußballvereine und die Nationalmannschaft bei ihren Spielen. Fußball ist verflochten mit dem Leben der Menschen, er ist der Herzschlag, er ist *das* Spiel. Mit diesen Sätzen wirbt die Republik Südafrika explizit für ihr Land als Austragungsort der Fußballweltmeisterschaft im Jahr 2006.[254] Erst im Jahr 1992 betrat der südafrikanische nationale Fußball-Verband „South African Football Association" (SAFA) nach Jahren der Isolation als aktiver Teilhaber die Weltbühne des Fußballs. SAFA bekam endlich seinen Stuhl innerhalb des Fußballweltverbandes FIFA zurück und auch der Fußballbund Confederation Africaine de Football (CAF) nahm den südafrikanischen Verband wieder in die Gemeinschaft der afrikanischen Fußballnationen auf. Die Jahre der Apartheid und die Jahre des Kampfes (years of struggle) gehörten nun endgültig der Vergangenheit an.[255]

Nach dem politischen Umbruch in Südafrika wurde der nationale Fußballverband SAFA offiziell mit folgenden Aufgaben betraut:

- Entwicklungsarbeit im Bereich des Fußballs durch unterstützende Initiativen bezüglich Infrastruktur und Training;
- Verpflichtung eines aktiven Dialogs mit der politischen Regierung, um durch diese Partnerschaft die Anerkennung des Fußballs als einen nationalen Gewinn zu erreichen;
- Etablierung des eigenen Ansehens als progressive und innovative Institution;
- Herstellung positiv geprägter gegenseitiger Beziehungen zur Gemeinschaft der Welt;
- Beitrag zum besseren Einfluß Afrikas im Weltfußball durch die Austragung von großen Veranstaltungen;
- Entwicklung zu einer führenden Fußball-Nation.[256]

Während der Apartheidpolitik gab es in Südafrika keine einheitliche Verwaltung des Fußballs und keine definierten Grenzen für die einzelnen Bezirke. Bis zum Anfang

---

[254] Vgl. SAFA (Hrsg.): „South Africa 2006 – Africa's Call", Johannesburg 1999, S. 39.
[255] Vgl. SAFA (Hrsg.): „The Delimitation of South African Football Association into Provinces, Regions, Districts and Counties 1998", Johannesburg 1998, S. 1f.
[256] Vgl. SAFA (Hrsg.): „South Africa 2006 – Africa's Call", Johannesburg 1999, S. 31.

Bilaterale Entwicklungszusammenarbeit im Sport der BRD mit der RSA

der 90er Jahre war also in Südafrika kein einheitliches Struktursystem für den Fußball vorhanden.
Nach dem politischen Umbruch änderte sich jedoch diese Situation. Der südafrikanische Fußballverband SAFA ließ 1992 eine eigene Entwicklungs-abteilung (Audit & Delimitation Committee) einrichten, die den Auftrag hatte, ein eigenes nationales Struktursystem für den Fußball zu schaffen, welches modernsten Anforderungen entsprechen sollte.
Als dann 1993 das Land Südafrika nach politischer Entscheidung („Act 200") in neun Provinzen eingeteilt wurde, beschloß man bei SAFA, das eigene neu zu etablierende geographische System der nationalen politischen Einteilung des Landes anzupassen. So wurde einerseits eine neue Verwaltungs- und Management-Struktur etabliert und andererseits ein „politisches" („konstitutionelles") System geschaffen, welches von der SAFA Hauptverwaltung mit Sitz in Johannesburg kontrolliert wird.[257]
Das neu geschaffene „politische" System wurde ab 1993 systematisch eingeführt und vereinfachte, wie es von einem landesweiten Verband erwartet wird, die Abläufe des nationalen Fußballs. Zum ersten Mal in der südafrikanischen Fußballgeschichte gab es nun ein einheitliches System, für das nun auch eine elektronische Datenbank eingerichtet werden konnte.
Demnach entstanden aus den neuen neun Provinzen des Landes 25 „Regions" (Regionen), die dem nationalen SAFA-Verband unterstellt sind. Diese Regionen wurden nochmals eingeteilt in insgesamt 381 „Districts" (Distrikte). Dabei wurden die großen Distrikte unterteilt in sogenannte „Counties". Die unterste Ebene dieser „politischen" Struktur bilden die „Clubs" (Vereine), die in den verschiedenen Ligen organisiert sind. Der Weg von der untersten „District-Liga" bis hin zur professionellen „Premier League" führt über „Provincial Member" zur „SAFA Organised League", danach folgen die „Second und First Division", von wo aus man in die höchste südafrikanische Spielklasse „Premier League" aufsteigen kann.[258]

---

[257] Vgl. SAFA (Hrsg.): „The Delimiation of South African Football Association into Provinces, Regions, Districts and Counties 1998, a.a.O., S. 2.
[258] Vgl. SAFA (Hrsg.): „The Delimitation of South African Football Association into Provinces, Regions, Districts and Counties 1998, a.a.O., S. 9 f.

Bilaterale Entwicklungszusammenarbeit im Sport der BRD mit der RSA

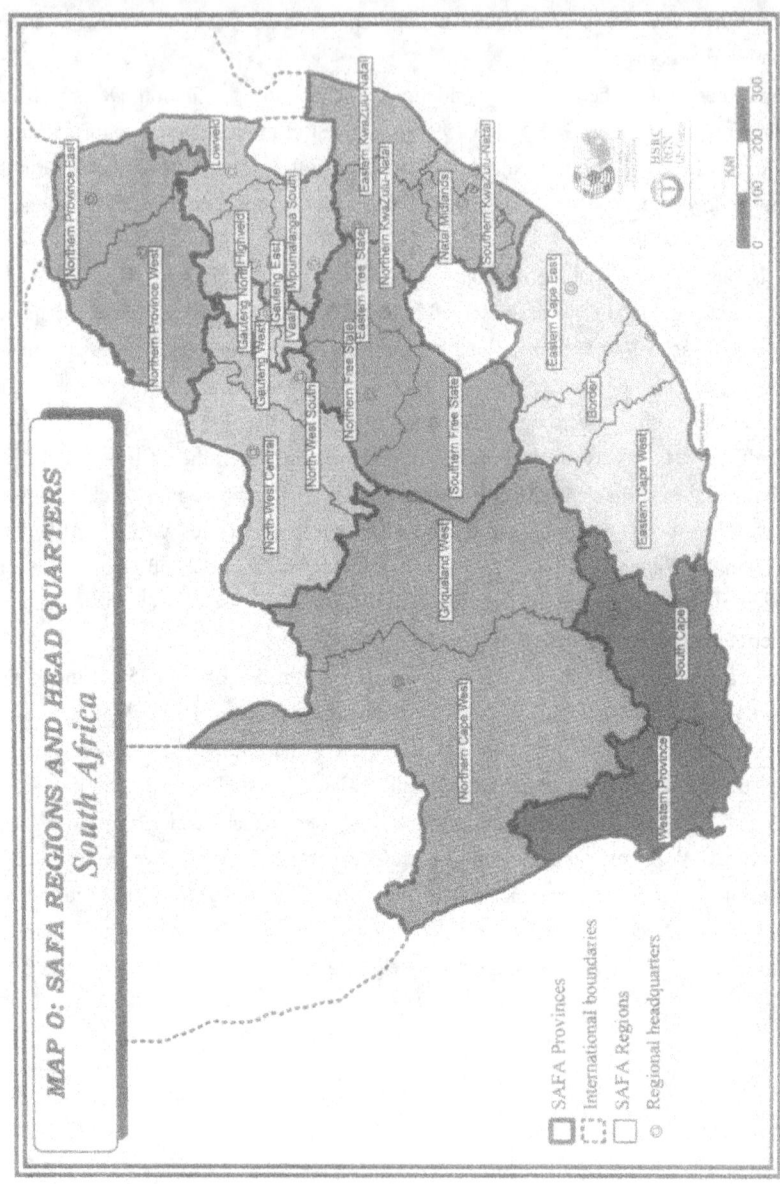

Abb. 3 : SAFA Regionen, SAFA 1998

Konzeptionen zur Sportförderung in der Dritten Welt

DEFINITIONS OF SAFA PROVINCES, REGIONS AND DESIGNATION OF REGIONAL HEADQUARTERS

SAFA Provinces and Regions shall comprise of the following areas, defined in terms of the Constitution of the Republic of South Africa and demarcated as per this report respectively, as listed hereunder and indicated on the maps SAFA PROVINCES (Map 0a) and SAFA REGIONS (Map 0):

1. EASTERN CAPE

1.1 Border (East London)
1.2 Eastern Cape West (Port Elizabeth)
1.3 Eastern Cape East (Umtata)

2. FREE STATE

2.1 Eastern Free State (Bethlehem)
2.2 Northern Free State (Welkom)
2.3 Southern Free State (Bloemfontein)

3. GAUTENG

3.1 Gauteng East (Benoni)
3.2 Gauteng North (Pretoria)
3.3 Gauteng West (Johannesburg)
3.4 Vaal (Vereeniging)

4. KWAZULU-NATAL

4.1 Natal Midlands (Pietermaritzburg)
4.2 Northern KwaZulu-Natal (Newcastle)
4.3 Eastern KwaZulu-Natal (Ulundi)
4.4 Southern KwaZulu-Natal (Durban)

5. MPUMALANGA

5.1 Highveld (Witbank)
5.2 Lowveld (Nelspruit)
5.3 Mpumalanga South (Standerton)

6. NORTHERN CAPE

6.1 Griqualand West (Kimberley)
6.2 Northern Cape West (Springbok)

7. NORTHERN PROVINCE

7.1 Northern Province East (Thohoyandou)
7.2 Northern Province West (Pietersburg)

8. NORTH-WEST

8.1 North-West Central (Mafikeng)
8.2 North-West South (Potchefstroom)

9. WESTERN CAPE

9.1 South Cape (Beaufort West)
9.2 Western Province (Cape Town)

Abb. 4 : Erläuterung der SAFA Regionen, SAFA 1998

Konzeptionen zur Sportförderung in der Dritten Welt

Als im Jahr 1996 die Republik Südafrika zum austragenden Gastland des „African Cup of Nations" avancierte, meldete sich dieses Land auf der internationalen Fußballbühne zurück. Durch dieses große Turnier im eigenen Land bekam die südafrikanische Fußball-Nationalmannschaft „Bafana Bafana" die erste Gelegenheit, sich international zu präsentieren. Die Afrikameisterschaft wurde aus der Sicht von Südafrika ein großer Erfolg, weil man das Endspiel gegen Tunesien mit 2:0 gewinnen konnte. „Bafana Bafana" wurde damit zum 19. Afrikameister ausgezeichnet.

Es folgte nach erfolgreicher Qualifikation 1998 der erste große internationale Auftritt bei der Fußballweltmeisterschaft in Frankreich. Jedoch schied das Team von Südafrika schon nach der Vorrunde aus.[259]

Das nächste große Ereignis, welches der südafrikanische Fußball für die Zukunft anvisiert, ist die Ausrichtung der Fußballweltmeisterschaft 2006 im eigenen Land. Die Entscheidung darüber von Seiten der FIFA ist aber noch nicht gefallen.[260]

In den nun folgenden Unterkapiteln werde ich auf die Arbeit des deutschen NOK-Langzeitexperten Horst Kriete vor Ort eingehen, der bei SAFA für die Trainerausbildung zuständig ist.

6.1.3 Projektmaßnahmen des Fußball-Langzeitprojektes Südafrika im Zeitraum 01. Mai bis 31. August 1998

In seinem ersten Projektjahr in Südafrika führte der deutsche Langzeitexperte Horst Kriete, wie bereits in Kapitel 6.1.1 kurz angemerkt, in allen 25 Fußballprovinzen von SAFA einen Einführungslehrgang für die Trainer vor Ort durch.

Mit Beendigung des letzten Einführungslehrganges (Introductory Coaching Course) in Newcastle (Northern KwaZulu-Natal), der vom 30.-31. Mai 1998 abgehalten wurde, schloß Horst Kriete nach genau einem Jahr Projektarbeit den ersten Zyklus dieser Trainerlehrgänge ab. Dabei erfüllten insgesamt rund 650 Trainer die Voraussetzungen (Certificate: „....has completed the course..."), um sich für die Teilnahme am Level 1-Coaching Course (140 Ausbildungsstunden) zu qualifizieren.[261]

Nach Auffassung Krietes konnten die anfänglich gesetzten Zielsetzungen mit dem Introductory Coaching Course erreicht werden. Inhaltlich wurden neben einer Ein-

---

[259] Vgl. SAFA (Hrsg.): „South Africa 2006 – Africa's Call", a.a.O., S. 35.
[260] Ebd., S. 1-5.
[261] Vgl. NOK für Deutschland: „Fußball-Langzeitprojekt Südafrika (Horst Kriete): Projekt-fortschrittsbericht Nr. 4", Berichtzeitraum: 01.Mai bis 31. August 1998, S. 2 f.

Bilaterale Entwicklungszusammenarbeit im Sport der BRD mit der RSA

führung in die wichtigsten Ausbildungs- und Aufgabenbereiche eines Trainers den Auszubildenden auch Arbeitsweise und –haltung für eine weitere umfangreiche Schulung vermittelt.

Die acht Counterparts, die Horst Kriete während der Planung und Durchführung der Lehrgänge unterstützt hatten, zeigten sich bei der Durchführung der Kurse den gestellten Aufgaben gewachsen.[262]

In dem Berichtszeitraum vom 01. Mai bis 31. August 1998 gehörte Horst Kriete neben drei weiteren Personen auch dem „World Cup Technical Assessors Committee" an. Diesem von SAFA bestimmten Komitee war die Aufgabe gestellt, die südafrikanische Fußball-Nationalmannschaft auf die Weltmeisterschaft in Frankreich vorzubereiten und gleichzeitig die Gruppengegner zu beobachten. Zur Auswertung forderte SAFA die Anfertigung eines umfassenden Abschlußberichtes.

Nach der Fußball-Weltmeisterschaft in Frankreich führte Horst Kriete den ersten Level 1 Coaching Course vom 1. – 16. August in Esselen Park durch. Die Inhalte und tägliche Lehrgangsdauer (8.30 – 21.00) waren sehr anspruchsvoll, was jedoch dem Wunsch von SAFA und dem Projektansatz entspricht („...we need quality coaches..."). 27 Trainer nahmen an dem Lehrgang einschließlich Prüfung teil, bei dem die Arbeitsatmosphäre und Arbeitshaltung nach Auffassung Krietes sehr positiv war. Von den 27 Teilnehmer bestanden 3 mit A-Level, 9 mit B-Level, 6 mit C-Level, 2 müssen wiederholen und 7 fielen durch. Die Evaluation des Kurses ergab, daß der Lehrgang zu kompakt und damit zu arbeitsintensiv während der 15 Tage war.

Horst Kriete konnte vier seiner Counterparts mit Unterstützung des DFB und des AA zum anglophonen Internationalen Trainerlehrgang nach Deutschland (Hennef) schicken. Nach Beendigung dieses Lehrgangs haben dann 5 der 8 Coach Educators (Counterparts) das umfangreiche Trainingsprogramm in Deutschland durchlaufen, das sie befähigen wird, Level 1 bzw. 2 eigenständig durchzuführen.

Das Engagement des Partners SAFA bezeichnet Kriete als weiterhin positiv.[263]

---

[262] Ebd., S. 4.
[263] Vgl. NOK für Deutschland: „Fußball-Langzeitprojekt Südafrika (Horst Kriete): Projekt-fortschrittsbericht Nr. 4", Berichtszeitraum: 01. Mai bis 31. August 1998, S. 5-10.

Konzeptionen zur Sportförderung in der Dritten Welt

6.1.4 Projektmaßnahmen des Fußball-Langzeitprojektes Südafrika im Zeitraum 01. September bis 31. Dezember 1998

In dem Berichtszeitraum von September bis Dezember 1998 führte Horst Kriete vier weitere Introductory Courses (20 Ausbildungsstunden) mit durchschnittlich 35 Teilnehmern in Pretoria, Kapstadt, Johannesburg und Durban durch.
Die Introductory Coaching Courses beinhalten wichtige Bausteine für die Basisarbeit:

- Bewußtmachung: Trainertätigkeit setzt Ausbildung voraus;
- Zuführung weiterer Traineraspiranten;
- Einführung in Ausbildungsschwerpunkte und Arbeitsweisen der Trainerausbildung.[264]

Vom 12.-29. Oktober führte der deutsche Langzeitexperte in Zusammenarbeit mit einem Counterpart einen Level-1-Coaching Course in Kapstadt mit 28 Teilnehmern aus fünf Fußballprovinzen durch. Nach Auffassung Horst Krietes war die Mitarbeit der Lehrgangsteilnehmer in Praxis und Theorie als auch die Prüfungsergebnisse recht erfolgreich. In diesem Zusammenhang zeigte sich, daß die Basisarbeit, in Form von entsprechenden Anforderungen in Introductory Lehrgängen als auch frühere Maßnahmen in den Provinzen, eine wichtige Voraussetzung für erfolgreiches Arbeiten in Lehrgängen ist.
Vom 9.-24. November führte Horst Kriete in Zusammenarbeit mit einem Counterpart einen weiteren Level-1-Coaching Course in Durban durch. Die anfänglich 31 Teilnehmer kamen dabei aus fünf verschiedenen Fußballprovinzen.
In dem Zeitraum vom 31.08. bis zum 25.09. war Horst Kriete als Instructor am internationalen anglophonen AA/ DFB-Lehrgang in Hennef/ Sieg beteiligt. An diesem Lehrgang nahmen vier Trainer aus Südafrika teil, die seit Projektbeginn mit dem deutschen Langzeitexperten zusammenarbeiten. Drei dieser vier Trainer schnitten mit gutem Erfolg den Lehrgang in Deutschland ab.
Die im Operationsplan aufgeführten Maßnahmen und Aktivitäten konnten nach Aussage Krietes allesamt initiiert bzw. durchgeführt werden. Der SAFA Verband in Süd-

---

[264] Vgl. NOK für Deutschland: „Fußball-Langzeitprojekt Südafrika (Horst Kriete): Projekt-fortschrittsbericht Nr. 5", Berichtszeitraum: 01. September bis 31. Dezember 1998, S. 2.

Bilaterale Entwicklungszusammenarbeit im Sport der BRD mit der RSA

afrika steht dabei immer noch voll hinter dem Projekt. So wird weiterhin den angeführten Zielen mit Engagement nachgegangen.[265]

6.1.5 Projektmaßnahmen des Fußball-Langzeitprojektes Südafrika im Zeitraum 01. Januar 1999 bis 30. April 1999

Im Berichtszeitraum von Januar bis April wurden vier weitere Introductory Courses über jeweils zwei Tage abgehalten. An den Lehrgängen nahmen teil:

1. in Bloemfontain   52 Trainer/25 Abschlußzertifikate
2. in Vryheid (KwaZulu Natal)   39 Trainer/26 Abschlußzertifikate
3. in Witswater University   20 Trainer/19 Abschlußzertifikate
4. in Bordeaux (Nothern Gauteng) 26 Trainer/17 Abschlußzertifikate

Die Lehrgänge in Vryheid und in der Witswater University wurden aufgrund der angespannten Finanzlage von Horst Kriete allein ohne Counterpart abgehalten. Die Lehrgangsergebnisse fielen recht heterogen aus, was auf die unterschiedliche Allgemeinbildung der Teilnehmer zurückzuführen war.[266]

Vom 11. bis zum 26. Januar führte Horst Kriete in Zusammenarbeit mit einem Counterpart (Coach Educator) den Level 1-Coaching Course in Bloemfontain mit 26 Teilnehmern aus vier Fußball-Provinzen durch. Horst Kriete äußerte sich über die Zusammenarbeit mit seinem Counterpart, der auch am AA/ DFB Lehrgang in Hennef 1998 mit gutem Erfolg teilgenommen hatte, sehr positiv.

Was den Kurs anbetraf, war der organisatorische Lehrgangsablauf aufgrund vorheriger Kurse gefestigt, doch fielen die Prüfungsergebnisse der 26 Teilnehmer aus Sicht des deutschen Fußballehrers sehr enttäuschend aus. Nur 9 Teilnehmer bestanden die Anforderungen direkt ohne Nachprüfung. Kriete begründet diesen Umstand u.a. mit zu schwach ausgeprägten Lernvoraussetzungen.[267]

Durch schlechtes Abschneiden der südafrikanischen Fußball Unter 17 Nationalmannschaft bei dem UEFA/ CAF Jugendturnier (Meridian Cup) in Kapstadt wurde vom

---

[265] Vgl. NOK für Deutschland: „Fußball-Langzeitprojekt Südafrika (Horst Kriete): Projekt-fortschrittsbericht Nr. 5", Berichtszeitraum: 01. September bis 31. Dezember 1998, S. 3-7.
[266] Vgl. NOK für Deutschland: „Fußball-Langzeitprojekt Südafrika (Horst Kriete): Projekt-fortschrittsbericht Nr. 6", Berichtszeitraum: 01. Januar bis 30. April 1999, S. 2.

Konzeptionen zur Sportförderung in der Dritten Welt

SAFA-Verband die Stelle eines neuen hauptamtlichen U 17 Nationaltrainers ausgeschrieben. Horst Kriete wurde daraufhin mit dem Findungsprozeß für die Nominierung des neuen U 17 Trainers beauftragt. Durch die noch fehlende Trainerausbildungsstruktur in Südafrika zog Kriete bei der Vorauswahl der Bewerber die Kriterien Ausbildungs-Qualifikation, Werdegang als Trainer und Trainerpersönlichkeit heran. Die Nominierung eines U 17 Trainers konnte bis dato aber noch nicht erfolgreich bestätigt werden.[268]

Auf Wunsch des südafrikanischen Nationaltrainers Trott Moloto wurde Horst Kriete zusammen mit einem weiteren Trainer beauftragt, eine Spielanalyse („Match Analysis") des Qualifikationsspieles zur Afrikameisterschaft 2000 Südafrika - Gabun am 27.02.1999 zu erstellen. In der Nachbesprechung mit verschiedenen SAFA-Offiziellen wurde die von Kriete entwickelte Struktur als Vorgabe für alle weiteren Spielbeobachtungen festgelegt. Auch veranlaßte der deutsche Langzeitexperte die Beschaffung von Videoaufnahmen von möglichen Gegnern während der Afrikameisterschaft 2000 in Nigeria/ Ghana.

In etwa 4-6-wöchigen Abständen finden die SAFA Trainertagungen statt, dessen Themen und Diskussionspunkte von Horst Kriete und den SAFA Trainern im vorhinein festgelegt werden.[269]

Fünf Trainer (Coach Educators und erfolgreiche Absolventen der Level-1-Trainerlehrgänge) und Horst Kriete nahmen über Ostern (3 Tage) ein „Talent-Scouting" auf dem U 14 Turnier in Bloemfontain vor. An diesem Tournament nahmen 25 U 14 Vereinsmannschaften aus den Fußballprovinzen teil. Mit Maßnahmen wie dieser soll die Talentsuche intensiviert werden.[270]

Resümierend für diesen Berichtzeitraum hält Kriete fest, daß die in der Planung stehenden Maßnahmen bis auf eine Ausnahme (5. Level-1-Lehrgang) durchgeführt werden konnten. Bei der Beurteilung des Projektfortschritts insgesamt äußert der Langzeitexperte, daß mit kleinen Verzögerungen die verschiedenen Maßnahmen und Aktivitäten durchgeführt worden sind. Aufgrund der qualitativen und quantitativen Arbeit des SAFA Coaching Development Programmes hat Coaching auch einen höheren Stellenwert in der Öffentlichkeit erlangt. Die mit dem Projekt verfolgten Ziele

---

[267] Vgl. NOK für Deutschland: „Fußball-Langzeitprojekt Südafrika (Horst Kriete): Projekt-fortschrittsbericht Nr. 6", Berichtzeitraum: 01. Januar bis 30. April 1999, S. 3.
[268] Ebd., S. 4 f.
[269] Ebd., S. 6.
[270] Ebd., S. 7.

Bilaterale Entwicklungszusammenarbeit im Sport der BRD mit der RSA

werden dem Anliegen der Projektträger aufgrund der aufgezeigten Maßnahmen voll gerecht.[271]

6.2 Integrierte CIM-Fachkraft an der University of Western Cape

In dem Zeitraum vom 01. September 1995 bis zum 30. September 1999 fördert das Centrum für internationale Migration und Entwicklung (CIM) über die Finanzierung des Bundesministeriums für wirtschaftliche Zusammenarbeit (BMZ) die „Integrierte Fachkraft" Dr. Marion Keim in Südafrika. Diese arbeitet in Kapstadt für die University of the Western Cape (Südafrika) im Department of Human Movement Studies (HMS) als Dozentin und Sports Development/ Community Outreach Officer.

Der Aufgabenbereich von Frau Dr. Keim ist die Sportverwaltung. Neben ihrer Tätigkeit als Dozentin für Sportwissenschaft an der Universität Kapstadt soll sie Sportentwicklung fördern und zwischen beteiligten Organisationen und Institutionen ein Netzwerk institutionell erweitern. Dabei werden die beteiligten Institutionen durch die Integrierte CIM-Fachkraft beraten in

- dem Auf- und Ausbau von Sporteinrichtungen in benachteiligten Gebieten
- der Einrichtung von lokalen multikulturellen Sport Development Centers.[272]

Ein weiterer Schwerpunkt der Arbeit von Frau Dr. Keim ist darauf ausgelegt, Sportorganisatoren, Ausbilder und Multiplikatoren auszubilden.

Da es zur Apartheidzeit in Südafrika praktisch keine Breitensportförderung für Nicht-Weiße gab, ist das primäre Ziel von Frau Dr. Keim, bestehende Ungleichgewichte abzubauen und der bislang benachteiligten Bevölkerung Zugangsmöglichkeiten zu Sportaktivitäten zu eröffnen.

Dem Sport wird neben der gesundheitlichen Bedeutung für den Einzelnen auch eine positive soziale und politische Funktion zugesprochen. Diese Funktion der Sportförderung wird u.a. daran deutlich, daß sich die Förderaktivitäten auf solche Schulen und Gebiete konzentrieren sollen, in denen Konfliktpotential existiert. Die Integrierte

---

[271] Vgl. NOK für Deutschland: „Fußball-Langzeitprojekt Südafrika (Horst Kriete): Projekt-fortschrittsbericht Nr. 6", Berichtszeitraum: 01. Januar bis 30. April 1999, S. 8-10.
[272] Vgl. Centrum für internationale Migration und Entwicklung (CIM): „Förderentscheid 0611/gs, Frankfurt a. M., 09.02.1995", S. 2.

Konzeptionen zur Sportförderung in der Dritten Welt

Fachkraft soll dazu beitragen, bereits bestehende konzeptionelle Ansätze weiterzuentwickeln, um so integrative Strukturen aufzubauen. Die Nachhaltigkeit der Förderung wird insbesondere durch die institutionelle Beratung und die Ausbildung von Fachpersonal angestrebt.[273]

6.2.1 Tätigkeitsbericht im Zeitraum von Oktober 1997 bis April 1998

Die Integrierte CIM-Fachkraft Dr. Marion Keim arbeitet seit 1995 als Dozentin im Department für Human Movement Studies und als Sports Development Officer an der University of the Western Cape in Kapstadt.

In dem Berichtszeitraum von Oktober 1997 bis April 1998 übernahm Marion Keim seit Semesterbeginn 1998 zusätzlich zu ihrem bisherigem Aufgabengebiet als Dozentin den Bereich Sportsoziologie im Department for Human Movement für die Studenten im 6. Semester, den Honours Kurs sowie den Kurs Sport Management. Da es sich bei Sport Management um eine neu eingeführte Studienrichtung handelt, nimmt dieser Bereich für den Arbeitgeber (Universität) einen besonderen Stellenwert ein. Aufgrund der fachlichen Kompetenz (einzig qualifizierte Kraft) und der angespannten finanziellen Situation erklärte sich Frau Keim bereit, diesen Bereich mitzuübernehmen. Es ermöglicht ihr, die Studenten in praktische Aufgaben zu involvieren und ihnen gleichzeitig die theoretischen Kenntnisse zu vermitteln, um die Forschung in diesem Fachgebiet zu unterstützen. Mit diesem Ansatz stellt Frau Keim die Verbindung her zwischen der Theorie und der Praxis im Bereich Community/ Sport Development.[274]

Die Universität ist über das Department für Human Movement Studies (HMS) auch bestrebt, neben der universitären Lehre mit sogenannten „Outreach-Projekten" Kontakt zu den lokalen Townships aufzubauen, um Verbesserungen in den Bereichen „Community and Health" zu erreichen. Dabei ist das Ziel von Frau Keim, mit Hilfe von Aus- und Fortbildungsprogrammen, Hilfe zur Selbsthilfe und Entwicklung von Sport- und Sportstätten vor allem „Empowerment" (Befähigung) der benachteiligten Bevölkerung zu entfalten. Viele der Kollegen haben dabei bedingt durch die Vergangenheit des Landes kaum Erfahrungen in diesem Bereich.

---

[273] Vgl. Centrum für Internationale Migration und Entwicklung (CIM): „Tätigkeitsbericht: Marion Keim, University of the Western Cape, Südafrika", Oktober 1997 – April 1998, S.2.
[274] Vgl. CIM: „Tätigkeitsbericht: Marion Keim, University of the Western Cape, Südafrika", Oktober 1997 – April 1998, S. 1.

Bilaterale Entwicklungszusammenarbeit im Sport der BRD mit der RSA

Mit der Ernennung von Frau Keim zum Sports Development Officer erhofft die Universität sich Unterstützung in der Erreichung folgender Ziele:

- Erstellung eines Rahmenplanes für die erwähnten Programme
- Mithilfe bei der Einrichtung einer Infrastruktur
- Koordination der Outreach Projekte in enger Zusammenarbeit mit dem gesamten HMS
- Die Communities und Townships in Zusammenarbeit mit den Mitarbeitern der Universität in die Lage zu versetzen, die Programme selbständig weiterzuführen.[275]

Dabei wird es von Seiten der Universität als wichtig erachtet, die Dozenten und Studenten in die Aufbauarbeit miteinzubeziehen, um „sustainability and continuity" zu garantieren.

Ein Schwerpunkt von Frau Dr. Keim ist außerhalb der universitären Lehre die Fortbildung von Lehrern. Hierbei koordinierte sie das Lehrerfortbildungs- und Integrationsprogramm INSET. Das Ziel des In-Service Teachers´ Training Programme (INSET) liegt in der Aus- und Fortbildung von Lehrern aus den verschiedenen benachteiligten Bevölkerungsgruppen. Dieses Fortbildungs-programm läuft seit März 1996 an der University of Western Cape im Department of Human Movement Studies und basiert in Zusammenarbeit mit dem Sportministerium Western Cape, dem Erziehungsministerium Western Cape, der südafrikanischen Schulsportorganisation (US-SASA), des südafrikanischen Sportbundes Western Cape (NSC) sowie der Lehrerorganisation South African Democratic Teachers´ Union (SADTU). Ein Repräsentant von jeder der aufgezählten Organisationen ist im „INSET-Komitee" vertreten.

Aufgrund des großen Erfolgs des Ausbildungskurses von INSET (Pilotprojekt) sowie der enormen Nachfrage von seiten der Townshipschulen, nachdem im März 1997 bereits 37 Lehrer erfolgreich bestanden hatten, weitete sich das „INSET-Komitee" für 1997/98 aus. So wurde nicht nur ein neuer Kurs in der Universität Kapstadt abgehalten, sondern ein weiterer in einem ländlichen Gebiet in der Region Worchester. Im

---

[275] Vgl. CIM: „Tätigkeitsbericht: Marion Keim, University of the Western Cape, Südafrika", Oktober 1997 – April 1998, S. 6.

Konzeptionen zur Sportförderung in der Dritten Welt

März 1998 graduierten daraufhin insgesamt 95 Lehrer aus beiden Kursen. Für 1998/99 sind drei Kurse pro Jahr geplant.[276]
Infrastrukturelle Maßnahmen sowie Sportprogramme zur Ausbildung und Integration von Randgruppen ist ein weiterer Schwerpunkt auf der Durchführungsebene von Frau Keim. Das dabei angesetzte Ziel ist die Schaffung einer Infrastruktur in benachteiligten Gebieten sowie Verbesserung bzw. Unterstützung der Integration von Frauen und Behinderten in die Communities mit Hilfe des Sports, Hilfe zur Selbsthilfe („empowerment") beider Gruppen durch Bewegungs- Trainings- und Ausbildungsprogramme.
Neben der Fertigstellung des ersten multi-funktionellen Sportplatzes im April 1997, der vorwiegend der Förderung des Frauen- und Behindertensports dient, sollen mit der Großsachmittelhilfe von CIM zwei weitere Projekte zur Verbesserung der Infrastruktur durchgeführt werden. Dabei ist zum einen unter Einbeziehung der school community (Eltern und Lehrer) ein Hartplatz für zwei Schulen geplant. Je zwei Lehrer von diesen beiden Schulen absolvierten erfolgreich den INSET-Kurs des Departments und sollen nun ihre erworbenen Kenntnisse den Schülern weitergeben und Sport- und Freizeitprogramme an ihren Schulen durchführen.
Zum zweiten soll ein Trainingszentrum an der University of the Western Cape ausgestattet werden, welches der Ausbildung von Studenten in den Bereichen Sportwissenschaft, besonders Biomechanik und Physiotherapie dienen wird. Außerdem steht es allen Studenten und den umliegenden Communities als sportliche Art der Freizeitbeschäftigung offen.[277]
Für 1998 waren von Seiten Frau Keims verschiedene Trainings- und Ausbildungsprogramme insbesondere für Frauen geplant. Die Koordination dieser Programme obliegt der neu geformten nationalen Sportorganisation für Frauen in Südafrika WASSA (Women and Sport in South Africa) Western Provinz. Als WASSA Komitee Mitglied ist Frau Keim für Development Programme sowie den Bereich Information/ Research zuständig. Auch wurde sie als WASSA Repräsentantin in das Protea Mmuso Komitee des National Sports Council (NSC) gewählt, das für Trainingsprogramme und Programme im Bereich der Sportverwaltung in der Western Provinz zuständig ist. Die Zielgruppe dieser Programme sind Trainer und Trainerinnen sowie Administratoren, die in ihren Communities im Breitensport (grass-root level) Sportstrukturen

---

[276] Vgl. CIM: „Tätigkeitsbericht: Marion Keim, University of the Western Cape, Südafrika", Oktober 1997 - April 1998, S. 2.
[277] Ebd., S. 2.

Bilaterale Entwicklungszusammenarbeit im Sport der BRD mit der RSA

aufbauen möchten. Für 1998 sind Fortbildungsprogramme in den angesprochenen Bereichen („Coaching Level 1", „Administration Level 1" u.a.) geplant. Auch sollen durch Initiative von Frau Keim viele Frauen und Mädchen aus den Communities in diese Programme involviert werden, um so einen Beitrag zu „empowerment of women on grass-root level" zu leisten.[278]

Im Bereich „Programme für Behinderte" ist für 1998 eine Maßnahme geplant, wobei in Trainingskursen Eltern von behinderten Kindern in Praxis und Theorie ausgebildet werden. So sollen sie nach 12 Monaten selbständig Basisprogramme für 80 behinderte Kinder in einem Therapiezentrum durchführen.

Eine weitere Maßnahme von Frau Keim ist das Programm „Straßenkinder", welches der Unterstützung von Integration verschiedener Straßenkinder in die Gesellschaft durch das Medium Sport dient. Der 2. Straßenkindersporttag im Western Cape (Westkap) fand im November 1997 unter Leitung von Marion Keim statt. Dabei konnte sie auf die Hilfe der Studenten des Departments for Human Movement Studies und finanzieller Unterstützung des Departments of Sport and Recreation zurückgreifen. Das Ereignis fand bei den Kindern und Helfern großen Anklang, wobei es sich dahingehend entwickelt hat, daß der Sporttag ein mittlerweile fester Bestandteil eines Programmes (SANGALA) des Departments of Sport and Recreation geworden ist.[279]

Ein weiteres Programm Breitensport in den Townships: „Leisure Education – Sport für alle" dient dazu, mit Bevölkerungsgruppen in den benachteiligten Gebieten regelmäßige Sportereignisse zu veranstalten. Dazu werden in diesem Berichtszeitraum zum dritten Mal Studenten des 6. Semesters der Universität Western Cape im Mai unter der Leitung von Frau Keim eine Sportveranstaltung (Fun-Run) in einem Township für Kinder, Jugendliche, Erwachsene, Senioren, Behinderte aller Bevölkerungsgruppen durchführen. Die Organisation dieser Sportveranstaltung ist fester Bestandteil der Semesteranforderungen/ Curriculum für den Leisure Education Kurs der Studenten.

Die Universität wie auch die Einwohner des Townships sehen in diesem „community-event" bereits ein regelmäßiges Ereignis, ein Outreach Project des Departments of Human Movement der Universität Western Cape.[280]

---

[278] Vgl. CIM: „Tätigkeitsbericht: Marion Keim, University of the Western Cape, Südafrika", Oktober 1997 – April 1998., S. 3.
[279] Ebd., S. 4.
[280] Vgl. CIM: „Tätigkeitsbericht: Dr. Marion Keim, University of the Western Cape, Südafrika", Berichtszeitraum: Oktober 1997 – April 1998, S. 4.

Konzeptionen zur Sportförderung in der Dritten Welt

Ein weiteres Community-Ereignis wird ein Sports Youth Day sein, der für die Kinder der benachteiligten Townships im Mai unter der Leitung von Frau Keim und ihren Studenten organisiert wird. Diese Sportereignisse tragen nach Aussage Marion Keims dazu bei, das Selbstbewußtsein der verschiedenen Gruppen, aber auch der gesamten Gemeinschaft zu stärken und eine Basis für soziale Interaktion zu schaffen.[281]

6.2.2 Tätigkeitsbericht im Zeitraum von April 1998 bis April 1999

Die Durchführung der Projektarbeit in Südafrika im Berichtszeitraum von April 1998 bis April 1999 hat sich nicht wesentlich zu dem zuvor bearbeiteten Tätigkeitsbericht verändert. Es kann in diesem Zusammenhang von einer kontinuierlichen Fortführung der Projektdurchführung gesprochen werden, die vereinzelt erweitert wurde. Die Schwerpunkte der Arbeit von Marion Keim bilden wiederum zum einen die Lehrerfortbildung (INSET) und zum anderen infrastrukturelle Maßnahmen sowie Sportprogramme zur Ausbildung und Integration von Randgruppen.

Das Programm INSET, welches sich an Lehrer aus den benachteiligten Bevölkerungsgruppen richtet, soll ab Januar 2000 als regulärer Kurs an der Universität etabliert werden. Es ist geplant, INSET als FDE-Programm der Universität (Programme for Further Education) im Rahmen des Curriculums 2005 und somit als OBE (Outcome Based Education) zu verankern.[282]

Der Bereich zur Verbesserung der Infrastruktur hat sich dahingehend entwickelt, daß mit der Unterstützung der Großsachmittelhilfe von CIM die zwei weiteren Projekte (ein multi-funktioneller Sportplatz und ein Hartplatz) mittlerweile in Betrieb genommen werden konnten.

Die Trainings- und Trainerausbildungsprogramme für Frauen werden ebenfalls von Frau Keim in Zusammenarbeit mit WASSA und dem NSC weitergeführt und ausgeweitet. Die Inhalte dieser Kurse konzentrieren sich vorwiegend auf die Bereiche „Coaching, Administration, Facilitating, Gender Training, Event Management".

Der Komplex „Programme für Behinderte" wird in Form von Trainingskursen für die Eltern von behinderten Kindern fortgeführt. Dabei konnte Frau Keim drei Mütter von

---

[281] Ebd., S. 5.
[282] Vgl. CIM: „Tätigkeitsbericht: Dr. Marion Keim (Integrierte CIM-Fachkraft), University of the Western Cape, Südafrika", Berichtszeitraum: April 1998 – April 1999, S. 3.

Bilaterale Entwicklungszusammenarbeit im Sport der BRD mit der RSA

behinderten Kindern gewinnen, die einen zweimonatigen Kurs in „Mental Handicap" bei ihr ablegten und mit Zertifikat abschlossen.[283]

Das Programm „Straßenkinder" wird auch von Frau Keim kontinuierlich weitergeführt und im Februar 1999 werden zwei weitere Straßenkindercamps durchgeführt. Die integrierte CIM-Fachkraft erhält bei diesem Projekt Unterstützung von ihren südafrikanischen Studenten und Gaststudenten der Universität Heidelberg. Die Gaststudenten arbeiten bei den Programmen als „volunteers" mit und leisten einen bedeutenden Beitrag zur Reintegration der Jugendlichen.

Das Programm „Leisure Education – Sport für alle" wird ebenfalls stetig mit immer neuen Veranstaltungen von Marion Keim in Zusammenarbeit mit den Studenten des HMS (Human Movement Studies) weitergeführt.[284]

Das Projekt „Community Development" ist eine weitere Maßnahme von Frau Keim, dessen Schwerpunkt auf der Aus- und Fortbildung für Vertreter der benachteiligten Bevölkerungsgruppen sowie auf Networking liegt. Frau Keim unterstützt mit ihrem Department das Kleinprojekt einer Vorschule im Township, das auf die Initiative von drei Frauen zurückgeht. Nach Meinung von Marion Keim sind besonders diese Kleinprojekte in den Communities auf Unterstützung von außen angewiesen und werden somit an die Universität angebunden. Ein weiterer Kurs, der auch in den Bereich „community Development" fällt, ist „Life Skills Training". Seit 1998 wird dieser Kurs im Rahmen des „Community Outreach Programms" des Department HMS angeboten. Dabei wurden zwei Workshops, die sich für die Verbrechensbekämpfung im Western Cape einsetzten, durchgeführt.

Hinzu kommt ein Trainingskurs im Bereich „Multiculturalism". Dieser findet ebenfalls im Rahmen von Wochendworkshops statt und richtet sich an Personen und Organisationen, die mit multikulturellen Gruppen arbeiten.

Nach Auffassung Marion Keims ist die Rolle von Sport und Recreation (Freizeit) in dem Zusammenhang von einem multikulturellen Austausch nicht zu unterschätzen.[285]

---

[283] Vgl. CIM: „Tätigkeitsbericht: Marion Keim, University of the Western Cape, Südafrika", Berichtszeitraum: April 1998 – April 1999, S. 4.
[284] Ebd., S. 5.
[285] Vgl. CIM: „Tätigkeitsbericht: Dr. Marion Keim, University of the Western Cape, Südafrika", Berichtszeitraum April 1998 – April 1999, S. 6.

Konzeptionen zur Sportförderung in der Dritten Welt

6.3 Das SPACE Projekt („Sport against Crime") der Sportjugend NRW

Das SPACE Projekt (Sport against Crime = Sport gegen Kriminalität) ist ein Projekt der Entwicklungszusammenarbeit im Sport, das aus einer Partnerschaft zwischen der Provinz Mpumalanga/ Südafrika und Nordrhein-Westfalen entstanden ist. Mit Hilfe des Mediums „Sport" soll die Bereitschaft von Kindern und Jugendlichen zur Gewaltausübung reduziert werden. Durch Teilnahme an sportlichen Aktivitäten soll ihnen eine gewaltfreie Perspektive ermöglicht werden. Zusammen mit dem südafrikanischen Partner Nelspruit Town Council (Nelspruit Stadtverwaltung) wurden 1997 die Ziele für die Maßnahmen abgestimmt. Das Department of Sport, Art and Culture (Abteilung für Sport, Kunst und Kultur) des Town Council Nelspruit ermöglicht den SPACE-Mitarbeitern vor Ort eine intakte Infrastruktur, die dazu dient, gezielte Maßnahmen in den umliegenden Communities (Gemeinden) der überwiegend schwarzen Bevölkerung durchführen zu können.[286]

6.3.1 Die internationale Arbeit der Sportjugend NRW

Die Sportjugend NRW ist die Jugendorganisation des LandesSportBundes Nordrhein-Westfalen e.V. und vertritt mehr als zwei Millionen Kinder und Jugendliche bis 27 Jahren in nordrhein-westfälischen Sportvereinen. Als Dachverband der Sportfachverbände und der Sportjugenden der Stadt- und Kreissportbünde, als Mitglied des Landesjugendringes und der Deutschen Sportjugend (DSJ) vertritt sie die Interessen aller sporttreibenden Jugendlichen.[287]
Der Bereich der „Internationalen Arbeit" ist ein eigenes Ressort und verfügt bereits über eine große Tradition innerhalb der Sportjugend NRW. So wurden schon 1960 erste Kontakte zum israelischen Arbeitersportverband Hapoel aufgenommen. Im Jahr 1979 lud die Sportjugend eine Gruppe von 16 Hapoel-Funktionären zum Gedenken des Ausbruchs des Zweiten Weltkrieges nach Duisburg ein.[288]
„Internationale Arbeit" wird von der Sportjugend NRW immer als ein Handlungsfeld von Jugendpolitik verstanden. Daher agiert sie seit 1995 als treibende und innovative Kraft im Projekt „Neue Brücken bauen", das gemeinsam vom Ministerium für Arbeit,

---
[286] Vgl. Sportjugend NRW (Hrsg.): „Sport against Crime – Aktuelles über SPACE", Duisburg 1999, S. 6 f.
[287] Vgl. Hauk, Gerhard: „Im Sport ist mehr drin", Essen 1992, S. 9.
[288] Vgl. Hauk, Gerhard, a.a.O., S. 281.

Bilaterale Entwicklungszusammenarbeit im Sport der BRD mit der RSA

Soziales und Stadtentwicklung, Kultur und Sport und vom Landesjugendring Nordrhein-Westfalen durchgeführt wird. Innerhalb dieser Konzeption „Neue Brücken bauen" führt die Sportjugend NRW Jugend-Projekte in der russischen Föderation, Jordanien, Israel, Schweden und Polen durch.[289]
Die ersten Kontakte zur Republik Südafrika fanden im Januar 1995 im Rahmen einer gemeinsamen Delegationsmaßnahme mit der Bayrischen Sportjugend und dem südafrikanischen Partner, der United School Sport Association of South Africa (USSASA) statt. Dieser ersten Kontaktaufnahme folgten im Juli 1995 und Mai 1996 Austauschmaßnahmen mit USSASA in Nordrhein-Westfalen sowie in der Provinz „Eastern Cape" (Ost-Kap)/ Südafrika. Inhaltlich hatten diese Maßnahmen folgende Schwerpunkte:[290]

- gegenseitiges Kennenlernen der Organisationen und der handelnden Personen.
- Überblick über die jeweilige Struktur im Bereich des Sports und der Jugendarbeit.
- Aus- und Fortbildung südafrikanischer Lehrer/innen im Bereich „Breitensport" und „Große Spiele".
- Vermittlung der Methodik des Anfängerschwimmens.[291]

Im Laufe des Jahres 1996 verlagerten sich die Aktivitäten der Sportjugend NRW vom Eastern Cape in die nordöstliche gelegene südafrikanische Provinz Mpumalanga.

6.3.2 Die südafrikanische Provinz Mpumalanga als Zielregion von SPACE

Die Provinz Mpumalanga (ehemals „Eastern Transvaal") liegt im Nordosten von Südafrika und nimmt einen Anteil von 6,4 % der Gesamtfläche des Landes ein. 1995 lebten dort ca. 3 Millionen Einwohner mit einer Verteilung von 75% Schwarzen, 14% Weißen und 11% Farbigen. Die Hauptstadt des Verwaltungsgebietes Mpumalanga ist Nelspruit, in der die Provinzregierung mit ihrem Premierminister Phosa

---

[289] Vgl. Landesjugendring Nordrhein-Westfalen (Hrsg.): „Neue Brücken bauen – Dokumentation Band 4", Neuss 1999, S. 8 f.
[290] Vgl. Sportjugend NRW (Hrsg.): „SPACE: Handbuch für die Projekt-Mitarbeit", Duisburg 1998, S. 6.
[291] Ebd., S. 6.

Konzeptionen zur Sportförderung in der Dritten Welt

vom ANC (African National Congress) seit dem politischen Umbruch von 1994 regiert.[292]

Aufgrund eines abgeschlossenen Kooperationsvertrages zwischen Mpumalanga und dem Land Nordrhein-Westfalen konzentriert seit August 1996 auch die Sportjugend NRW ihre Aktivitäten in Südafrika auf diese Provinz. So versucht sie ihre Austauscharbeit mit den Regionen zu intensivieren, die gleichzeitig auch Zielregion der Landesregierung Nordrhein-Westfalens sind.

Die Situation der Bevölkerung in Mpumalanga ist, wie in ganz Südafrika, äußerst heterogen. Dabei ist die Lage vor allem bei den schwarzen Kinder und Jugendlichen in den Townships (Communities) oft ohne ausreichende Perspektive. Dies läßt sich damit begründen, daß es den südafrikanischen Jugendlichen neben der unzureichenden Schulbildung häufig an einer qualifizierten Berufsausbildung fehlt. Die Jugendarbeitslosigkeit liegt deutlich über 50%. Zwar hat sich im Zuge der Demokratisierung die Regierung der Nationalen Einheit das Ziel gesetzt, allen südafrikanischen Kindern eine vollwertige Erziehung in der Schule zu geben, aber diese Absicht ist natürlich nicht innerhalb von 5 Jahren zu realisieren. Perspektivlosigkeit der Jugend und der ausgeprägte Gegensatz von arm und reich führen zu einer erhöhten Bereitschaft von Kriminalität und Gewalt. Das ist die Ausgangssituation, welche die Projektarbeit von SPACE mit dem Medium Sport einzuschränken versucht.[293]

6.3.3 Der Projektansatz und die allgemeinen Projektziele der Sportjugend NRW mit SPACE

Die Sportjugend NRW hat sich mit dem SPACE Projekt zum Ziel gesetzt, durch den Sport die Bereitschaft zur Gewaltausübung und die Beteiligung an kriminellen Handlungen zu reduzieren. Zu diesem Zweck werden vor Ort verschiedene Aktivitäten durchgeführt:

- Sport- und Spielfeste in den Townships
- Verbesserung der Qualität bzw. Neubau von Sportstätten in Zusammenarbeit mit den Kindern und Jugendlichen vor Ort

---

[292] Vgl. Südafrikanische Botschaft (Hrsg.): „Das ist Südafrika, Teil 1", Bonn 1997, S. 8.
[293] Vgl. Sportjugend NRW (Hrsg.): „SPACE: Handbuch für die Projektmitarbeit", a.a.O., S. 8.

Bilaterale Entwicklungszusammenarbeit im Sport der BRD mit der RSA

- Ausbildung von Multiplikatoren/innen (Übungsleiter/innen, Trainer, Spielfesthelfer/innen)
- Vermittlung von beruflichen Grundqualifikationen im Rahmen des Selbstbaus von Sportgeräten (z.B. Basketballanlagen)[294]

Neben den vier Sportarten Fußball, Basketball, Netball und Volleyball werden Spielfeste für die jüngeren Kinder in den Gebieten der schwarzen Bevölkerung organisiert. Darüber hinaus werden Sportstätten in Zusammenarbeit mit den Jugendlichen vor Ort in Stand gesetzt. Die Jugendlichen erhalten dabei eine berufliche Grundqualifikation im Rahmen berufsschulorientierter Maßnahmen.

Um nun den Erfolg der Projektarbeit von SPACE auf lange Sicht zu gewährleisten, liegt ein Schwerpunkt in der Ausbildung von Multiplikatoren. Der Grundsatz lautet dabei „Hilfe zur Selbsthilfe".[295]

Die allgemeinen Projektziele von SPACE wurden 1997 in Zusammenarbeit mit dem südafrikanischen Partner Nelspruit Town Council (Stadtverwaltung Nelspruit) abgestimmt. Dabei galt und gilt der Grundsatz, daß die Bereitschaft zur Gewaltausübung und die Beteiligung an kriminellen Handlungen reduziert werden soll. Folgende Ziele wurden vor Aufnahme der Projektarbeit theoretisch fixiert:

- Kinder und Jugendliche sollen Bewegung, Spiel und Sport als sinnvolle Freizeitbeschäftigung kennenlernen.
- Bewegung, Spiel und Sport soll als Möglichkeit des aktiven Kennenlernens von Mitgliedern anderer ethischer Gruppen realisiert werden.
- Kinder und Jugendliche sollen Tanz, Gesang und Musik als traditionelle Freizeitbeschäftigungen pflegen und zu neuen kulturellen Aktivitäten angeregt werden.
- Selbstverantwortung, Mitbestimmung und Übernahme von Verantwortung sollen bei der Planung und Umsetzung von Projekten erlernt werden.
- Beim Selbstbau von multifunktionalen Freizeitanlagen sollen berufliche Qualifikationen vermittelt werden.
- Brachliegende und/oder ungenutzte Freiflächen sollen durch Umbau und Gestaltung ein wertvoller Teil der Freizeitinfrastruktur der Gemeinden werden.

---

[294] Vgl. LandesSportBund Nordrhein-Westfalen (Hrsg.): „Wir im Sport, das Magazin des LandesSportBundes Nordrhein-Westfalen", Februar 1998, S. 16.
[295] Vgl. Sportjugend NRW (Hrsg.): „Sport against Crime, Aktuelles über Space", a.a.O., S. 7.

Konzeptionen zur Sportförderung in der Dritten Welt

- Die frühzeitige Selbstverwaltung der neu entstandenen Freizeitanlagen soll die Übernahme durch die Kommune nach Projektende vorbereiten.
- Im Verlauf der Projektaktivitäten soll im Rahmen einer Berufsqualifizierungsmaßnahme die Erstellung eines Community-Center geplant und durchgeführt werden.[296]

Hinzu kommt der Ansatz, daß SPACE einen Beitrag dazu leisten soll, Sportstrukturen in Nelspruit und Umgebung (Greater Nelspruit) zu entwickeln. Diese Hilfe beim Aufbau von Sportstrukturen soll folgendermaßen erreicht werden:

- Multiplikatoren/innen sollen für administrative Tätigkeiten im Sport ausgebildet werden.
- Multiplikatoren/innen sollen für die Jugendarbeit im Sport qualifiziert werden.
- Die Entwicklung neuer Kooperationsformen und Maßnahmen der Vernetzung soll angeregt werden.[297]

6.3.4 Die Projektmaßnahmen von SPACE

Seit dem Jahr 1997 führen Mitarbeiter des SPACE Projekts Maßnahmen in den vier Sportarten Fußball, Basketball, Netball und Volleyball durch. Die Projektmitarbeiter vor Ort, die in der Regel zwischen 20 und 35 Jahre alt sind, führen dabei die zu verrichtenden Aufgaben in Südafrika unentgeltlich aus. In zehn Siedlungen (Communities) in der Umgebung von Nelspruit (Greater Nelspruit), in denen überwiegend Schwarze leben, richten die sogenannten „Volunteers" (Freiwilligen) Trainings and Tournaments (Trainings und Turniere) aus. Die „Volunteers" trainieren mit Hilfe von einheimischen Trainern vor Ort die Mannschaften.
Nach mehreren Trainingswochen wird ein Turnier in der jeweiligen Sportart durchgeführt, um den Teams die Möglichkeit eines Wettkampfmodus zu ermöglichen. Dies hält die Motivation aufrecht und macht darüber hinaus die Sportart in den einzelnen Gebieten bekannter. Dabei werden regionale Sport-Fachverbände mit in die Arbeit von SPACE einbezogen, um aus den bestehenden Mannschaften eine Liga bzw.

---

[296] Vgl. Sportjugend NRW (Hrsg.): „Sport against Crime, Aktuelles über Space", a.a.O., S. 9.
[297] Ebd., S. 9.

Bilaterale Entwicklungszusammenarbeit im Sport der BRD mit der RSA

Spielrunde aufzubauen. Durch diese Maßnahmen soll eine Regelmäßigkeit und Konstanz gewährleistet werden.[298]
Ein Schwerpunkt bei den Maßnahmen der SPACE-Mitarbeiter in Mpumalanga ist die Durchführung von Coach Clinics (Trainerlehrgänge), die der Multiplikatorenschulung dient. In der Ausbildungsstätte Elandshoek (ca. 40 km von Nelspruit entfernt) führen die „Volunteers" die Ausbildung mit Hilfe der regionalen Fachverbände durch. Die zweitägigen Kurse umfassen einen Theorie- und Praxisteil. Lokale Trainer werden zu Multiplikatoren ausgebildet, um in ihrer jeweiligen Gemeinde Mannschaften zu trainieren und das Spielniveau zu verbessern sowie um neue Mannschaften zu gründen.

Aufbauend auf diese zweitägigen Ausbildungen werden später zur Wiederholung und Intensivierung eintägige Fortbildungen angeboten. Für die Teilnahme an den Coach Clinics erhalten die ausgebildeten Multiplikatoren ein Zertifikat.

Im direkten Anschluß an die Ausbildung erkennen die SPACE Mitarbeiter anhand der nun weiterführenden Trainingseinheiten, ob die erlernten Fähigkeiten auch Anwendung finden oder ob eine weitere Coach Clinic gewünscht wird bzw. erforderlich ist.[299]

Neben den Trainingseinheiten und der Trainerausbildung in den vier Sportarten ist ein weiterer wichtiger Bestandteil des Projektes „Sport against Crime" das Spiel- und Sportfest, welches den Breitensportcharakter der Arbeit des Town Councils und der Sportjugend NRW unterstreicht. Mit Hilfe von regelmäßig stattfindenden Sport- and Fundays (Sport- und Spielfeste) in den verschiedenen Communities von Greater Nelspruit wird die Jugend an den Sport herangeführt. Da bis zu 800 Kinder und Jugendliche an diesen Sporttagen teilnehmen, erreicht man durch diese Maßnahmen einen enormen Zuspruch.[300]

Eine weitere Maßnahme, die innerhalb des SPACE Projektes durchgeführt wird, ist das sogenannte Vocational Training (berufsqualifizierende Maßnahme) für die Erstellung von Basketball Courts in den Gemeinden. Da es in Greater Nelspruit an notwendigen Sportstätten mangelte, wurde erstmalig diese Form des Selbstbauens eingeführt, was dem Grundsatz des Projekts „Hilfe zur Selbsthilfe" entspricht. Die Bau-

---

[298] Vgl. Sportjugend NRW (Hrsg.): „Sport against Crime, Aktuelles über Space", a.a.O., S. 18.
[299] Ebd., S. 20.
[300] Vgl. Sportjugend NRW (Hrsg.): „Sport against Crime, Aktuelles über Space", a.a.O., S. 24.

maßnahmen wurden vom SPACE-Projekt unter dem Gesichtspunkt von Qualifizierung bislang unausgebildeter Jugendlicher organisiert.[301]

Die Projektmaßnahmen von SPACE für das Jahr 1999 sind dahingehend ausgelegt, daß die beschriebenen Maßnahmen fortgeführt und intensiviert werden. Hierbei steht die Jugend und der Gedanke des Breitensports im Vordergrund. Der Bereich Sportmanagement ist als neuer Schwerpunkt seit diesem Jahr auf der Durchführungsebene von SPACE hinzugekommen.[302]

Die Maßnahmen der SPACE Mitarbeiter in den Communities werden auch im Jahr 2000 fortgeführt und intensiviert.

---

[301] Vgl. Sportjugend NRW (Hrsg.): „Sport against Crime, Aktuelles über Space", a.a.O., S. 22.
[302] Ebd., S. 11.

Bilaterale Entwicklungszusammenarbeit im Sport der BRD mit der RSA

7. Schlußbetrachtung

Mit der Darstellung von drei bilateralen Sport-Projekten verschiedener deutscher Träger schließt der wissenschaftliche Teil dieser Arbeit. Die Projektmaßnahmen in Südafrika konnten dabei aufzeigen, wie differierend die Umsetzung der internationalen Sportförderung ausfallen kann, was natürlich mit den unterschiedlichen Konzeptionen der einzelnen Organisationen zusammenhängt. Hierzu muß jedoch hinzugefügt werden, daß die Integrierte CIM-Fachkraft und auch das Projekt SPACE der Sportjugend NRW eher eine Ausnahme darstellt. Für das Centrum für internationale Migration und Entwicklung (CIM) ist der Bereich der Sportförderung im Rahmen von Entwicklungspolitik nur marginal von Bedeutung. Das hat zur Konsequenz, daß der Förderbereich des Breitensports in Entwicklungsländern, wie er exemplarisch an dem Beispiel der Integrierten CIM-Fachkraft in Südafrika vorgeführt wurde, eine untergeordnete Rolle im Gesamtkontext einnimmt. Ebenfalls die Realisierung des SPACE Projekts, das auch konzeptionell auf die Breitensportförderung vorzugsweise im Jugendbereich ausgelegt ist, hängt eng mit dem Engagement verschiedener Einzelpersonen zusammen und ist nicht institutionalisiert.

Allein die Sportförderung der Auswärtigen Kulturpolitik leistet und wird auch in Zukunft eine kontinuierliche Fortführung von Projektmaßnahmen im Sport in Ländern der Dritten Welt leisten. Diese Maßnahmen, die von den Trägern NOK für Deutschland und der GTZ ausgeführt werden, fördern in der Regel den Bereich des Leistungssports. Der Geldgeber Auswärtiges Amt (AA) wahrt somit seine eigenen Interessen, was bedeutet, daß sich der Bereich der Leistungs-sportförderung für den Prestigegewinn der deutschen Auswärtigen Kulturpolitik viel effizienter darstellt als Förderung des Breitensports.

Mein persönlicher Eindruck der heute vorzufindenden Situation im Sektor der Sportförderung ist der, daß es seit einigen Jahren ruhig geworden ist um den Bereich der internationalen Entwicklungszusammenarbeit im Sport von bundesdeutscher Seite. Dies mache ich an verschiedenen Punkten fest, wie daß kaum neue Publikationen seit Anfang/ Mitte der 90er Jahre von Seiten der Sportwissenschaftler veröffentlicht wurden, das sich das BMZ fast vollständig aus der Sportförderung zurückgezogen hat und das sich die Finanzierung des AA über die Jahre hinweg auf ein nicht ansteigendes Niveau eingespielt hat. Eine Begründung für den gewissen Bedeutungsverlust könnte darin liegen, daß sich die politischen Umstände der globalen Politik durch den

Konzeptionen zur Sportförderung in der Dritten Welt

Wegfall des Ost-West-Konflikts dahingehend verändert haben, daß der damals wichtige Bereich der Imageförderung der BRD durch die Sportentwicklungshilfe weggefallen ist. Diese These untermauert den Umstand reiner Interessenpolitik von Seiten des AA.

Die Sport-Langzeitmaßnahmen in der Dritten Welt, die von NOK und GTZ mit Hilfe von Experten der Sportfachverbände DFB und DLV ausgeführt werden, halte ich aus meiner Sicht jedoch für sinnvoll. Jeder Langzeitmaßnahme geht eine geäußerte Anfrage des zu Partnerlandes voraus, so daß im interaktiven Dialog mit dem jeweiligen Partner in den Entwicklungsländern ganz bestimmten Wünschen für die Zusammenarbeit entsprochen werden kann. Dies ist auch aus den Berichten des NOK-Langzeitexperten in Südafrika deutlich geworden. Der Sport ist als kultureller Teil in vielen Ländern der Dritten Welt vorhanden und somit muß ihm die Möglichkeit zur Verbesserung und Entwicklung gewährt werden.

Auf der anderen Seite kommen die Maßnahmen zur Förderung des Breitensports, die ich persönlich auch aus meiner eigenen Erfahrung für sehr wichtig erachte, nicht in angemessenem Maße zum Zuge, was jedoch nicht zu der (Leistungs)-Sportförderung im Auftrag des AA im Widerspruch steht.

Resümierend zu dem „Schwerpunkt" Südafrika möchte ich noch anmerken, daß das Land am südlichen Kap politisch einen friedvollen Wechsel von der Apartheid hin zur Demokratie vollzogen hat. Dieser Umstand darf jedoch nicht über die gesellschaftlichen Probleme, die immer noch in großem Maße vorhanden sind. Aufgrund dessen bedarf es auch in Zukunft viel Geduld, die Ungerechtigkeiten auszugleichen. Der Bereich des Sports nimmt in diesem Zusammenhang eine wichtige Rolle ein, weil sich das Land als eine Sportnation auszeichnet und dieser die Möglichkeit zu neuen Perspektiven der Menschen ermöglicht. Auch kann der Sport als interaktives Element zur inneren Vereinigung verschiedener Rassen in Südafrika beitragen.

8. Literaturverzeichnis

ANDRESEN, R. (Red.): Akademiegespräch „Entwicklungshilfe im Sport", 22.06.-24.06.1981. Hrsg.: Führungs- und Verwaltungsakademie Berlin des Deutschen Sportbundes e.V. Berlin 1981.

ANDRESEN, R./ H. RIEDER/ G. TROSIEN (Hrsg.): Beiträge zur Zusammenarbeit im Sport mit der Dritten Welt. Schorndorf 1989.

AUSWÄRTIGES AMT (Hrsg.): Auswärtige Kulturpolitik 1993-1996. Bonn 1997.

AUSWÄRTIGES AMT (Hrsg.): Deutsche Außenpolitik 1997. Bonn 1998.

BEYER, E.: Internationale Kulturkontakte durch das Medium Sport. In: Sportwissenschaft 15 (1985) 3, 267-276.

BÖLL, W.: Deutsche Entwicklungspolitik in ihren nationalen und internationalen Zusammenhängen. In: ANDRESEN, R. u.a. (Hrsg.): Beiträge zur Zusammen-arbeit im Sport mit der Dritten Welt. Schorndorf 1989, 33-44.

BUNDESMINISTER DES INNERN (Hrsg.): Betrifft: Vierter Sportbericht der Bundesregierung. Bonn 1978.

BUNDESMINISTER DES INNERN (Hrsg.): Betrifft: Sechster Sportbericht der Bundesregierung. Bonn 1987.

BUNDESMINISTERIUM DES INNERN (Hrsg.): Achter Sportbericht der Bundesregierung. Bonn 1995.

BUNDESMINISTERIUM FÜR WIRTSCHAFTLICHE ZUSAMMENARBEIT UND ENTWICKLUNG (Hrsg.): Grundlagen der deutschen Entwicklungszusammenarbeit Nr. 97. Bonn 1997.

Konzeptionen zur Sportförderung in der Dritten Welt

BUNDESMINISTERIUM FÜR WIRTSCHAFTLICHE ZUSAMMENARBEIT UND ENTWICKLUNG (Hrsg.): Jahresbericht 1997. Bonn 1998.

BUNDESMINISTERIUM FÜR WIRTSCHAFTLICHE ZUSAMMENARBEIT UND ENTWICKLUNG (Hrsg.): Journalistenhandbuch Entwicklungspolitik 1998. Bonn 1998.

BUNDESMINISTERIUM FÜR WIRTSCHAFTLICHE ZUSAMMENARBEIT UND ENTWICKLUNG (Hrsg.): Zehnter Bericht zur Entwicklungspolitik der Bundesregierung. Bonn 1995.

CENTRUM FÜR INTERNATIONALE MIGRATION UND ENTWICKLUNG: Förderentscheid 0611/gs. Frankfurt a. M. 1995.

CENTRUM FÜR INTERNATIONALE MIGRATION UND ENTWICKLUNG: Tätigkeitsbericht: Marion Keim, University of the Western Cape, Südafrika: Oktober 1997 – April 1998. Frankfurt a. M. 1998.

CENTRUM FÜR INTERNATIONALE MIGRATION UND ENTWICKLUNG: Tätigkeitsbericht: Marion Keim, University of the Western Cape, Südafrika: April 1998 – April 1999. Frankfurt a. M. 1999.

DEUTSCHER FUSSBALL-BUND (Hrsg.): Le stage de formation international, basé sur la „licence A", pour entraîneurs d'Afrique francophone. Frankfurt a. M., 1999.

DEUTSCHE SPORTJUGEND (Hrsg.): Konzeption für die internationale Arbeit. Frankfurt a. M., Faltblatt Neuauflage 1997.

DIETRICH, K.: Traditioneller Sport. Herausforderung der deutschen Sportförderung? In: Sportwissenschaft 15 (1985) 5, 277-293.

DIGEL, H.: Ist Sportförderung in der Dritten Welt Entwicklungshilfe? In: Sportwissenschaft 15 (1985) 6, 245-266.
DIGEL, H./ FRONHOFF, P.: Sport in der Entwicklungszusammenarbeit. Hrsg.: Bundesministerium für wirtschaftliche Zusammenarbeit, Darmstadt 1989.

Bilaterale Entwicklungszusammenarbeit im Sport der BRD mit der RSA

GIEBENHAIN, H.: Sportförderung in der Dritten Welt: Eine Untersuchung über die Zusammenarbeit im Sport mit Entwicklungsländern durch die Bundesrepublik Deutschland im Lichte von Modernisierungs- und Dependenztheorien. Tübingen 1990.

HAAPE, J. (Hrsg.): Südafrika. München, komplett überarbeitete Auflage 1996.

HAUK, G.: Im Sport ist mehr drin: Die Geschichte der Sportjugend Nordrhein-Westfalen 1945-1990. Essen 1992.

HEINEMANN, K.: Sport und Entwicklungshilfe in Ländern der Dritten Welt. In: Sportwissenschaft 15 (1985) 8, 227-244.

http://www.cimffm.de/cim/agcim.html, [Stand: 20.08.1999].

http://www.dsj.de.htm, [Stand: 27.08.1999].

http://www.dsr.gov.za/docs/paper.html, [Stand: 03.10.1999].

http://www.gtz.de/zahlen/html, [Stand: 23.08.1999]

http://www.nok.de/komitee/entwicklungshilfe/110299.htm [Stand: 17.08.1999]

http://www.sportsa.co.za/nsc 2/about.html, [Stand: 03.10.1999].

http://www.sportsa.co.za/nsc2/object.html. [Stand: 03.10.1999].

KIDANE, F.: Fragen zur Körpererziehung und des Sports in den Ländern der Dritten Welt. In: ANDRESEN, R. (Red.): Akademiegespräch Entwicklungshilfe im Sport, 22.-24.06.1981. Hrsg. v. Führungs- und Verwaltungsakademie Berlin des Deutschen Sportbundes e.V. Berlin 1981, 75-85.

KRUMPHOLZ, A.: Apartheid und Sport: Rassentrennung und Rassendiskriminierung im südafrikanischen Sport sowie der Sportboykott Südafrikas. München 1991.

KÜPER, W.: Sportförderung in Ländern der Dritten Welt und Entwicklungsförderung durch Sport. In: GTZ (Hrsg.): Sportförderung in Ländern der Dritten Welt. Eschborn 1985, 9-34.

LANDESJUGENDRING NORDRHEIN-WESTFALEN (Hrsg.): Neue Brücken bauen: Internationale Jugendarbeit in Nordrhein-Westfalen Band 4. Neuss 1999.

LANDESSPORTBUND NORDRHEIN-WESTFALEN (Hrsg.): Wir im Sport: Das Magazin des LandesSportBundes Nordrhein-Westfalen. Duisburg, 2/ Februar 1998, 15-17.

LANDESSPORTBUND NORDRHEIN-WESTFALEN / SPORTJUGEND NRW (Hrsg.): Fotoausstellung zum Projekt „Sport against Crime" und zum Projekt in Gaza. Duisburg 1999.

LITZBERSKI, M.: Möglichkeiten und Grenzen der Sportentwicklungshilfe – Das Sportentwicklungshilfeprojekt der Deutschen Sportjugend in Uganda als Beispiel eines grundbedürfnisorientierten Ansatzes. Köln 1996.

NATIONALES OLYMPISCHES KOMITEE FÜR DEUTSCHLAND: Fußball-Langzeitprojekt Südafrika (Horst Kriete): Projektfortschrittsbericht Nr.4. Berichtszeitraum: 01. Mai bis 31. August 1998.

NATIONALES OLYMPISCHES KOMITEE FÜR DEUTSCHLAND: Fußball-Langzeitprojekt Südafrika (Horst Kriete): Projektfortschrittsbericht Nr.5. Berichtszeitraum: 01. September bis 31. Dezember 1998.

NATIONALES OLYMPISCHES KOMITEE FÜR DEUTSCHLAND: Fußball-Langzeitprojekt Südafrika (Horst Kriete): Projektfortschrittsbericht Nr.6. Berichtszeitraum: 01. Januar bis 30. April 1999.

NATIONALES OLYMPISCHES KOMITEE FÜR DEUTSCHLAND/ DEUTSCHER SPORTBUND (Hrsg.): Gemeinsame Richtlinien des deutschen Sports für die internationale Entwicklungszusammenarbeit. Frankfurt a. M. 1997.

Bilaterale Entwicklungszusammenarbeit im Sport der BRD mit der RSA

NATIONALES OLYMPISCHES KOMITEE FÜR DEUTSCHLAND/ DEUTSCHER SPORTBUND (Hrsg.): Internationaler Newsletter des deutschen Sports. Frankfurt a. M., Ausgabe 01/1999.

NAUMANN, E.: Sportentwicklungshilfe auf neuen Wegen. Konzeption des Sports hat sich bewährt. In: Olympische Jugend 18 (1973) 5, 8.

NOHLEN, D.: Lexikon Dritte Welt. Hamburg, vollständig überarbeitete Neuauflage 1998.

NUSCHELER, F.: Lern- und Arbeitsbuch Entwicklungspolitik. Bonn, vierte völlig neu bearbeitete Auflage 1996.

RUMMELT, P.: Das sportpolitische Erbe im Kolonialismus in seiner Bedeutung für die gegenwärtige „Sportentwicklungshilfe". In: ANDRESEN, R. u.a. (Hrsg.): Beiträge zur Zusammenarbeit im Sport mit der Dritten Welt. Schorndorf 1989, 18-32.

RUMMELT, P.: Sport im Kolonialismus – Kolonialismus im Sport: zur Genese und Funktion des Sports in Kolonial-Afrika von 1870 bis 1918. Köln 1986.

SCHLOSSHAN, A.: Sport und Apartheid: Geschichte und Problematik der Rassendiskriminierung im Sport in der Republik Südafrika. Frankfurt a. M. 1992.

SCHÖLLGEN, G.: Die Außenpolitik der Bundesrepublik Deutschland. Bonn 1999.

SOUTH AFRICAN FOOTBALL ASSOCIATION (Hrsg.): The Delimiation of South African Football Association into Provinces, Regions, Districts and Counties 1998. Johannesburg 1998.
SOUTH AFRICAN FOOTBALL ASSOCIATION (Hrsg.): South African Football Association. Johannesburg 1998.

SOUTH AFRICAN FOOTBALL ASSOCIATION (Hrsg.): South Africa 2006: Africa's Call. Johannesburg 1999.

Konzeptionen zur Sportförderung in der Dritten Welt

SPORTJUGEND NRW (Hrsg.): Sport against Crime: Aktuelles über Space. Duisburg 1999.

SPORTJUGEND NRW (Hrsg.): Sport against Crime: Handbuch für die Projekt-Mitarbeit. Duisburg 1998.

SÜDAFRIKANISCHE BOTSCHAFT (Hrsg.): Das ist Südafrika: Teil 1. Bonn 1997.

SÜDAFRIKANISCHE BOTSCHAFT (Hrsg.): Das ist Südafrika: Teil 2. Bonn 1998.

SYMPATHIE MAGAZIN NR. 31: Südafrika verstehen. Hrsg. von Vielhaber, A., München 1995.

TOLK, T.: Der Stellenwert des Sports in den neueren Entwicklungshilfe-konzepten Deutschlands. Bonn 1996.

TROSIEN, G.: Sportorganisationen und Dritte Welt: Kompetenzen, Konzepte, korporative Strukturen. Sankt Augustin 1987.

WOYKE, W. (Hrsg.): Handwörterbuch Internationale Politik. Opladen, 7. aktualisierte Auflage 1998.

www.ingramcontent.com/pod-product-compliance
Lightning Source LLC
Chambersburg PA
CBHW051815230426
43672CB00012B/2738